# マーケティング
# 戦略論 〈第2版〉

西田 安慶・城田 吉孝 編著

学文社

# 執筆者 (執筆順)

| | | | |
|---|---|---|---|
| 有馬　賢治 | 立教大学経営学部教授 | | （第 1 章） |
| ＊城田　吉孝 | 東京福祉大学社会福祉学部教授 | | （第 2 章） |
| 浦上　拓也 | 神奈川大学経済学部教授 | | （第 3 章） |
| 榊原　省吾 | 元浜松学院大学現代コミュニケーション学部教授 | | （第 4 章） |
| ＊西田　安慶 | 東海学園大学名誉教授 | | （第 5 章） |
| 河田　賢一 | 常葉大学経営学部准教授 | | （第 6 章） |
| 日野　隆生 | 東京富士大学経営学部教授 | | （第 7 章） |
| 清水　　真 | 中部大学経営情報学部教授 | | （第 8 章） |
| 李　　大義 | 東京福祉大学通信教育課程講師 | | （第 9 章） |

(執筆順／＊は編者)

# はしがき

　経済のグローバル化や IT 革命によって企業環境が激変し，企業に対して新しい問題を投げかけてくる。企業は，資源・エネルギー問題・公害問題・人口増加と食糧危機・消費者問題など，多くの問題に正しく対処することが求められている。

　本書は，それらの諸問題に対処するためマーケティングの基本理論を整理して提示した。企業で実践されているマーケティングにおける why を追求して問題の根本を明らかにし，さらにそれを基本理論と結びつけることを目指した。

　第 1 部では，マーケティングの基礎理論を述べた。マーケティングのあり方自体が問い直されている現在，過去の知識を継承しながらも，新たな知見を加えた。第 2 部では，マーケティングミックスの展開について述べた。ここでは，① 製品戦略，② 価格戦略，③ プロモーション戦略，④ 流通チャンネル戦略についマーケティングミックスという観点からアプローチした。マーケティングミックスについてより深く学び，今日的課題を考える問題点を提示した。第 3 部では，「関係性マーケティング」「グリーン・マーケティング」を取り上げた。両マーケティング登場の背景を述べ，今後の展開について論じた。

　本書は，大学で初めて学ぶ学生や，マーケティングを初めて学ぶビジネスマンを対象にマーケティングの基本理論をまとめたものである。

　本書は，日本企業経営学会並びに日本産業経済学会でマーケティング研究を続けているグループの研究成果を公刊したものである。

　公刊に当たっては，私たちを励ますとともに企画の労をとって下さった㈱学文社社長田中千津子氏に心から謝意を表したい。

　2011 年 4 月

編著者を代表して

西田　安慶

# 第2版刊行によせて

　本書を刊行してからはや7年が経過した。その間，多くの大学や専門学校でご採択いただき今日に至っている。しかし，この7年間で経済情勢はめまぐるしく変化した。グローバル・ビジネスが，発展する世界経済のなかで比重を増しているのも変化の一つである。たとえば，日本の大手アパレル企業についてみると，その製品の多くは中国やバングラデシュ，ベトナムで生産され，日本国内に輸入されている。そして，その大手アパレル企業自身も海外に店舗をつくり顧客基盤の拡大を図っている。一方，海外の大手アパレル企業も，日本市場に参入し，多くの地域で店舗を展開している。このように多くの世界企業がグローバル市場で活躍している。最近，一部の国が保護主義的傾向を強めているが，世界の大勢は多国間主義と自由貿易体制に向かっている。そして，グローバル・ビジネスの業績が企業全体の業績に大きな影響をもつようになってきている。

　そこで，今回第1章から第8章について若干修正したうえで，第9章に「グローバル・マーケティング」を加えることとし，東京福祉大学通信教育誤程の李大義講師に執筆していただいた。本章の構成は次のとおりである。

　第1節では，グローバル・マーケティングの必要性について述べる。グローバル・マーケティングでは，全世界を相手に，各国の事情に適したマーケティング活動を行い，世界中から立地優位性を生かした場所を選定することができる点を指摘する。

　第2節では，グローバル・マーケティングの環境とその重要性について指摘する。そのうえで，企業のグローバル化の方法とグローバル・マーケティングの促進要因について述べる。

　第3節では，適切なグローバル・マーケティングを展開するために，世界市場を取り巻く環境に基づいた市場機会およびその市場機会を脅かすものは何で

*iv*

あるかを評価・分析することの必要性を指摘する。

　第 1 版に引き続き，大学や専門学校などの教育の場でご活用いただければ，著者一同の望外の喜びである。

2018 年 11 月吉日

西田　安慶

# 目　　次

はしがき ……………………………………………………………………… i

第 2 版刊行によせて ……………………………………………………… iii

## 第 1 部　マーケティングの基礎理論

**第 1 章　マーケティング総説** …………………………………………… 2

　第 1 節　マーケティングとは何か ……………………………………… 2

　　　1　"売れるものを作り，販売する"／2　マーケティングの定義

　第 2 節　マーケティング・コンセプトの変遷 ………………………… 4

　　　1　生産志向／2　販売志向／3　社会志向／4　競争志向／5　顧
　　　客志向・環境志向／6　リレーションシップ・マーケティング／7
　　　インターナル・マーケティング

　第 3 節　マーケティング環境 ………………………………………… 10

　　　1　マーケティングを取り巻く環境／2　マクロ環境／3　競争環境
　　　／4　市場環境／5　SWOT 分析

　第 4 節　マーケティングと競争対応 ………………………………… 18

　　　1　製品ポートフォーリオ分析／2　競争地位分析

　第 5 節　マーケティングの基本的戦略と管理 ……………………… 26

　　　1　製品差別化戦略／2　市場細分化と標的市場の設定／3　マーケ
　　　ティング・ミックス

**第 2 章　マーケティングリサーチ** …………………………………… 34

　第 1 節　マーケティングリサーチの意義と役割 …………………… 34

　　　1　マーケティングリサーチの意義／2　マーケティングリサーチの
　　　役割

　第 2 節　マーケティングリサーチの範囲 …………………………… 37

　　　1　市場に関する調査／2　製品に関する調査／3　価格政策とプロ
　　　モーションに関する調査／4　顧客満足度

vi　目　次

第3節　マーケティングリサーチの手順……………………………………40

　　1　予備調査の段階／2　正式調査の計画／3　結果処理の段階

第4節　マーケティングリサーチの方法……………………………………43

　　1　マーケティングリサーチ方法の判断基準と測定／2　各種の調査法

第5節　調査票の設計………………………………………………………49

　　1　調査票の基本構成／2　質問文の作成手順／3　対象者特性／4
　質問文を作るときの注意点／5　質問の作り方／6　回答形式と質問
　例

第6節　標本調査……………………………………………………………54

第7節　データ分析と調査結果の報告……………………………………58

　　1　データ分析／2　調査結果の報告

# 第2部　マーケティングミックス

**第3章　製品戦略**………………………………………………………**64**

第1節　製品をどうとらえるべきか………………………………………64

　　1　製品は便益の束／2　製品を構成する有形財とサービス活動／3
　製品の分類

第2節　製品ミックス………………………………………………………68

　　1　製品ミックス，製品ライン／2　製品ラインの広さ，深さ，整合性

第3節　新製品開発…………………………………………………………70

　　1　新製品開発の課題／2　新製品開発プロセス／3　新製品開発に
　おける2つの方法

第4節　製品ライフサイクル………………………………………………74

　　1　製品ライフサイクルとは／2　製品ライフサイクル別のマーケティ
　ング／3　製品ライフサイクルの課題

第5節　ブランドの価値とその源泉………………………………………79

　　1　ブランドの新たな価値／2　ブランド知識／3　ブランドの効果

目　　次　*vii*

第6節　ブランド構築活動 ……………………………………………85

　　1　ブランド構築活動／2　ブランド・アイデンティティの設定／3
　　マーケティング活動の実行／4　ブランド要素の選択／5　ブランド
　　体系（ポートフォリオ）の構築

## 第4章　価格戦略 ……………………………………………………92

第1節　販売価格の決定方法 …………………………………………92

　　1　価格の構成要素／2　価格決定に影響する要因／3　需要の価格
　　弾力性／4　薄利多売戦略

第2節　価格戦略へのアプローチ ……………………………………99

　　1　小売価格戦略／2　卸売価格戦略／3　ライフサイクルからみた
　　価格設定／4　価格設定の考え方と表示方法／5　価格の種類／6
　　競争店に対応できる価格設定／7　購買心理，購買慣習からの価格設
　　定／8　低価格戦略による購買促進／9　固定客獲得による価格

第3節　価格戦略の問題と課題 ………………………………………113

　　1　価格破壊と値崩れ／2　価格協定と価格指導制／3　サービスの
　　価格／4　二重価格表示／5　競争メカニズムの制約

## 第5章　プロモーション戦略 …………………………………………118

第1節　プロモーションの概念 ………………………………………118

　　1　プロモーションとは何か／2　プロモーションの目標

第2節　プロモーションの要素と戦略 ………………………………120

　　1　プロモーション・ミックス／2　プッシュ戦略とプル戦略

第3節　プロモーションの手段 ………………………………………122

　　1　人的販売／2　広　告／3　販売促進／4　パブリシティと広報

第4節　コミュニケーションのニューメディア ……………………136

　　1　インターネット広告／2　フラッシュマーケティングとクロスメ
　　ディア戦略

## 第6章　流通チャネル戦略 ……………………………………………140

第1節　流通チャネルの概念と類型 …………………………………140

viii　目　次

　　　　1　流通チャネルの概念／2　流通チャネルの類型

　第2節　メーカーの流通チャネル政策……………………………………143

　　　　1　業種ごとの流通チャネル／2　メーカーの流通チャネル政策／3
　　　メーカーによる流通系列化政策／4　メーカーによる流通チャネル管理

　第3節　小売業による調達チャネル政策…………………………………151

　第4節　インターネットの普及による流通チャネルの変化……………155

　　　　1　企業間電子商取引／2　企業対消費者電子商取引

# 第3部　マーケティングの展開

## 第7章　関係性マーケティング………………………………………162

　第1節　関係性マーケティング論の台頭…………………………………162

　　　　1　リレーションシップ・マーケティング論台頭の背景／2　リレー
　　　ションシップ・マネジメント

　第2節　リレーションシップ・マーケティングの特質…………………165

　　　　1　マネジリアル・マーケティングとの比較／2　リレーションシッ
　　　プの概念／3　マーケティング主体との関係性における形態

　第3節　「個客」満足のマーケティング …………………………………170

　　　　1　One to One マーケティング／2　顧客価値創造のマーケティング

　第4節　顧客関係性マネジメント (CRM) ………………………………175

　　　　1　顧客関係性マネジメントの構造／2　顧客管理のデータベース・
　　　マーケティング／3　リレーションシップ・マーケティングの評価

## 第8章　グリーン・マーケティング…………………………………182

　第1節　グリーン・マーケティングの必要性……………………………182

　第2節　資源・環境問題へのアプローチ…………………………………182

　　　　1　循環型社会形成への取り組み／2　企業における資源・環境問題
　　　への取り組み／3　消費者における資源・環境問題への取り組み／4
　　　わが国におけるコンシューマリズム

目　　次　*ix*

第 3 節　グリーン・マーケティングの台頭………………………………189

　　1　社会的責任に対応するマーケティング／2　資源・環境問題に対応するマーケティング／3　マーケティング・ミックスの環境への対応／4　グリーン・マーケティングの課題

第 4 節　グリーン・マーケティングの展開………………………………197

　　1　循環型社会形成のためのバックワード・チャネル／2　バックワード・チャネルの課題

第 5 節　グリーン・サービサイジング……………………………………200

　　1　サービサイジング／2　グリーン・サービサイジング・ビジネス

第 6 節　グリーン・マーケティングの展望………………………………203

**第 9 章　グローバル・マーケティング**………………………………**206**

第 1 節　グローバル・マーケティングの必要性…………………………206

　　1　グローバル・マーケティングとは／2　グローバル・マーケティングの意義

第 2 節　グローバル・マーケティングの環境と重要性…………………210

　　1　企業のグローバル化の方法／2　グローバル・マーケティングの促進要因

第 3 節　グローバル・マーケティングの課題……………………………217

　　1　グローバル・マーケティングのための分析／2　グローバル・マーケティングの戦略

索　　引……………………………………………………………………223

# 第1部
# マーケティングの基礎理論

# 第1章　マーケティング総説

## 第1節　マーケティングとは何か

### 1　"売れるものを作り，販売する"

　日本にマーケティングが本格的に紹介されたのは，日本生産性本部（当時）アメリカ視察団が米国の企業活動の視察を実施し，視察団団長の石坂泰三氏（経団連会長）が，アメリカ視察を終え羽田空港での記者会見で「アメリカにはマーケティングというものがある。これからは，わが国でも重視すべきものである」と発言したことが契機であると考えられている[1]。それ以降，日本国内においてマーケティングは多くの企業で活用されてきた。それでは，"マーケティング（marketing）" とはどのような意味の言葉であろうか。まずは概念の基本的意味について整理してみたい。

　"マーケティング" 概念は，図1-1のように，"セリング（selling）" という類似概念と比較することによって，その理解が容易になる。セリングとは，単に

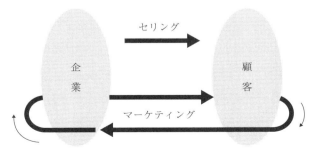

**図1-1　セリングとマーケティング**

出所）亀川・有馬（2000：14）

"販売・売る"という意味だけではなく，アメリカにおける日常語としての意味はhard-sellすなわち"強引な売り込み"を意味する言葉としても使用される。つまり，すでに出来上がってしまった商品や仕入れてしまった商品をなんとかして売りさばいてしまおうという発想がセリングという言葉に込められているのである。セリングは，いわば"作ったものを売り込む"という売り手本位の論理の概念なのである。

　一方，マーケティングは"作ったものを売る"という発想ではなく，市場（market）の意向を察知して"売れるものを作り，販売する"という発想の概念である。今日まで様々なマーケティングの理念が提唱されているが，"売れるものを作り，販売する"という基本的なコンセプトは，言葉の表現は異なっていてもほとんどの研究者の前提となる発想として共有されている。

　このように"売れるものを作り，販売する"というマーケティングの基本的発想は，商品の開発から顧客を想定したものであり，"マーケティング"という概念の基本的意味には，市場の意向を反映させて販売活動のみならず生産活動にまで遡って顧客に接近しようという意図が込められている。

## 2　マーケティングの定義

　今日までに多くの研究者によってマーケティングは定義されてきた。ここでは代表的な定義を紹介してみたい。

　現在までに多くの研究者に支持されてきた定義としてアメリカ・マーケティング協会（American Marketing Association）による定義をあげることができる。この協会が発表した定義は，改訂が行われ2007年に発表されたものが現在まで採用されている。定義の原文は下記のようになる。

　　Marketing is the activity, set of institutions, and processes for creating, communicating, delivering, and exchanging offerings that have value for customers, clients, partners, and society at large. [2]
　　（マーケティングとは，顧客，依頼人，パートナー，社会全体に対して価値を有する提供物を創造・コミュニケーション・流通・交換するための活動，一連の制度，過程である）

4　第1部　マーケティングの基礎理論

　この定義は，研究者や実務家が想定しているマーケティングに対する考え方を最大公約数的に表記しているために，マーケティング研究の歴史的背景などを理解していないと何を意図しているのかわかりにくい表現となっている。少し解説を加えると，この定義ではマーケティングの手段に関しては「価値を有する提供物を創造・コミュニケーション・流通・交換」という要素を列挙している。一方，マーケティング活動の主体は明示的に示されておらず，影響を与える対象を「顧客，依頼人，パートナー，社会全体」と幅広くとらえている。

　また，述語は「活動，一連の制度，過程である」という表現で活動主体の立場としてよりも，第三者の立場から説明している。

　この定義に対して多くの意見が出されてはいるが，少なくとも，①同義反復的でなく，②実態との矛盾を含んでおらず，③説明できない事例が認知されていない，などの理由により，現在においても一般的に支持できる定義として認識されている。


## 第2節　マーケティング・コンセプトの変遷

　マーケティング活動に指針を与える基本的な理念をマーケティング・コンセプト（marketing concept）とよぶ。マーケティング・コンセプトは，企業や社会の動向によって大きく変化してきた。ここでは日本にマーケティングが導入される以前から今日に至るまでのマーケティング・コンセプトの変化を簡単に説明したい（有馬，1998：12-19，加筆）。


### 1　生産志向

　1940年代後半は，連合国軍総司令部の占領政策によって，非軍事化と経済の民主化が進められた。非軍事化政策と財閥の解体により，日本企業の関心は消費財関係産業に向けられるとともに，財閥系以外の企業の市場参入の機会が拡大した。また，農地改革，労働の民主化などの経済の民主化の基本政策は，大衆消費市場誕生の端緒となる所得の平準化を進めることになった。1950（昭

和 25）年の朝鮮動乱により特需の機会を得た日本は，輸出の増大によってどん底の状態の景気を回復方向へ向けることができるようになった。企業は蓄積された資金を設備投資に向け，政府の復興政策にも後押しされて生産能力の拡大に取り組み始めた。やがて産業の回復による賃金の急上昇と同時に政府の所得税減税政策によって，国内の消費財需要が増加し始めた。

　この時代の市場構造は，商品を購買したい消費者に対して生産が相対的に小規模であったために，市場に商品を提供するために製造することが第一義に考えられた。販売業者は，消費者よりも商品を提供してくれる製造業者に対して注意を払って事業をする場合が多かった。この状況は生産が優先順位の先頭にくるという意味で生産志向とよばれる。

## 2　販売志向

　1956（昭和 31）年の経済白書の「もはや戦後ではない。回復を通じての成長は終わった。今後の成長は近代化によってささえられる」という言葉に象徴されるように，日本経済は新たな成長に向けて方向を転換する時期を迎えていた。冒頭でも紹介した日本生産性本部のアメリカ視察団により，この時期から日本企業はアメリカ合衆国で重要な経営活動のひとつとなっていたマーケティングの本格的な導入を始めた。

　この時代に企業がマーケティングに関心を示した主要な理由は，大量生産による標準化・画一化した製品を消費者に積極的に受け入れさせること，商品や新技術に対する消費者の理解を深め，使用・購買を動機づけることなどである。

　企業は，新規需要獲得のために消費者の新しいライフスタイルを提案し，そしてそれを受け入れることができるように消費者の意識改革を行う必要性を強く感じていた。そこで，広告を積極的に投入し，販売部隊を組織するといった需要の拡大のための方策が各企業で実施された。このような状況は，生産よりも販売が主眼に置かれるようになったという意味で販売志向とよばれる。

## 3 社会志向

1973（昭和48）年のオイルショックの前後において日本のマーケティングは変化をみせ始めた。それまでの企業の成長第一主義的な販売方法に対してさまざまな角度から批判が加えられたのである。まず，大気汚染や河川汚染などの公害問題に対してマスコミや市民からの批判が企業に向けられた。また，欠陥商品の販売や販売価格の不当な操作が明るみに出ることによって，消費者の不買運動などのコンシューマリズム（consumerism）が台頭したのもこの時期である。企業はこうした環境変化を受けて，社会的存在としての自覚が求められるようになった。具体的には，使用者のために高性能な製品でもそれ以外の人に対して有害な製品を市場に出すことや，利益を優先するために消費者の身体に有害な物質を製品に使用したり，生産工程・製品からの排出物の防止策を怠ったりするといった消費者や社会一般から批判を受ける行為の自粛・改善が求められたのである。

企業経営に企業と消費者以外の社会の主体に対して十分な配慮が求められるようになったために，マーケティングも社会的な要求に応えることを念頭に置いた，ソーシャル・マーケティング（social marketing），エコロジカル・マーケティング（ecological marketing）などの社会，環境を重視したコンセプトが提唱された。企業経営において社会への配慮が求められ，企業が積極的社会貢献を考えるようになった1970年代は社会志向の萌芽期といえる。

## 4 競争志向

1980年代後半，多くの製品の国内市場は成熟・飽和状態に突入した。このような状況では，売り手の独自性の発揮は非常に困難なものとなる。たとえ顧客の求めるものを独自に開発し，ある時期に独占的に顧客の人気を獲得できたとしても，模倣された商品によって市場はすぐに熾烈な競争状態に陥ってしまう。そこでこの時期には，企業は同業種，異業種の動きも察知したうえでマーケティングを考える必要性が強く意識されるようになった。したがって，企業は顧客という市場環境に加えて，市場に接触を試みる主体の集合としての競争

環境にも十分な配慮が必要とされるようになったのである。

　この時期は，企業は単なる需要創造活動だけではなく，競争のメカニズムを探り，適切な競争対応行動をとることを要求されるという意味で競争志向の時期であった。戦略的マーケティング（strategic marketing）というコンセプトがクローズ・アップされ，マーケティングが持続的に他社に対して競争優位を築き上げていく手段として認識された時期である。

## 5　顧客志向・環境志向

　バブル経済崩壊以降のマーケティングで重視されているコンセプトは，「顧客満足（customer satisfaction）」を基盤としたものである。顧客満足は元来マーケティングの最も本質的な理念としてとらえられていた。しかしながら，競争の激化が進むことによって，1980年代には競争に勝ち残ることが第一義的に考えられがちであった。その結果，市場における競争優位の確保のための戦略が顧客満足獲得のための戦略よりも相対的に強調されがちであった。ところがこうした傾向は，平成の時代に入る頃から変化をみせ始めた。企業は，競争対応よりも市場という場において何がしかの価値を作り出し，社会に貢献していくべきであるという理念が再度評価されるようになったのである。こうした顧客満足の理念が再度確認されたという意味で，顧客志向のマーケティング・コンセプトの重要性が現代の企業の健全な事業活動に改めて求められてきたと位置づけることができよう。

　また一方で，近年のマーケティングで忘れることのできないもうひとつの潮流として，環境に対する配慮を加えたマーケティングの展開がある。このようなマーケティングの研究はソーシャル，またはエコロジカル・マーケティングの考え方を発展させて，グリーン・マーケティング（green marketing），また企業の公益性にまで配慮したコーズ・リレーティッド・マーケティング（cause related marketing）などが提唱されている。また，経営学領域においても「企業の社会的責任・CSR（corporate social responsibility）」の議論として頻繁に取り上げられるようになっている。

8　第1部　マーケティングの基礎理論

　こうした研究が注目されるようになった理由には，公害問題や資源のリサイクルの問題に対する地球規模での関心が高まり，世論が企業活動に対して地域社会のみならず，地球環境に対する配慮までも要求するようになってきたという時流をあげることができる。具体的なマーケティング活動のなかでは，リサイクル可能な原材料による製品開発を進める，フロンガスなど環境に深刻な影響を与える物質を生産工程から排除する，廃棄物処理を円滑に進めることができるように回収のための流通システムを構築する，広告などのメッセージに省エネルギーやリサイクルをよびかける内容のものを含める，などの活動として現われている。

　このようなコンセプトは，環境志向とよぶことができる。環境志向的な理念はマーケティングを進めるうえでは，生産効率や販売効率と矛盾する場合もありうる。しかしながら，こうした理念に対する配慮を怠ると，長期的な顧客の維持や社会的存在としての企業の役割を果たすことができなくなる可能性が高いので，今後のマーケティングを展開するうえでは，こうした理念も欠くことのできないものとして位置づける必要がある。

## 6　リレーションシップ・マーケティング（relationship marketing）

　近年のマーケティング・コンセプトとして多くの研究者によって提唱されている理念は，新規需要開拓を主眼に置いたマス・マーケットを対象とする伝統的なマーケティングよりも，既存顧客の維持を企業のマーケティング目標として優先すべきであるというものである。こうした理念は，顧客との関係性（relation）を重視したマーケティングであるためリレーションシップ・マーケティングと呼ばれる。近年ではインターネットを利用した消費者の購買が拡大していることを反映してEコマースと結び付く形で，たとえば「フラッシュ・マーケティング（flash marketing）」などのリレーションシップ・マーケティングの派生型が多様な名称で現れている。

　リレーションシップ・マーケティングが従来のマーケティング理念と根本的に異なる部分は，時間的概念を積極的に取り入れている点である。それまでの

マーケティング研究が，ある限定された期間において，売り上げや利益を最大化するための方策の提示に重点を置いて議論を展開してきたのに対して，上記の理念は，顧客との取引を継続的に維持するための手段としてマーケティングを活用する部分に新規の特徴をみることができる。

しかしながら，このような継続的取引を前提としたマーケティングは，最終消費者ではなく産業使用者を対象として行われるビジネス・マーケティング（business marketing）の分野においては以前から研究が進められていた基本的な考え方である。したがって，リレーションシップ・マーケティングは，消費財・産業財という形で区分されていたマーケティング研究がそれぞれの長所を吸収する形で融合を始めて，新たな視点やコンセプトの模索に入った結果であると理解することが妥当であろう。

## 7 インターナル・マーケティング（internal marketing）

近年多くの研究者が積極的に取り組んでいる分野としてサービス・マーケティング（service marketing）をあげることができる。サービス商品は，有形の商品を取り扱う従来のマーケティングの技法では充分に説明することができない特徴をもつ。たとえば，商品の核となる便益が無形であること，生産と消費が同時に行われるために在庫ができないこと，サービスの品質がそれを提供する人物によって変動することなどである。したがって，サービスのマーケティング技法は，有形商品のマーケティングの応用を考えるという観点からではカバーできずに，独自の理論枠組を必要とする領域と考えられている。

サービス・マーケティングの研究成果から，企業などの組織の内部に対してのマーケティングの必要性が近年強調されるようになってきた。これは，顧客にサービスを提供する接客従業員などの態度がサービスの品質に影響を与える以上，従業員に対して満足を与えるマーケティングの実践なくしては顧客満足の実現はありえないという立場からのマーケティングへの接近方法である。このような組織内部に対してのマーケティングは，インターナル・マーケティングとよばれる。

*10* 第1部 マーケティングの基礎理論

　この理念は，サービス商品を扱う企業ばかりではなく，有形の商品を扱う企業のマーケティングにとっても有益な示唆を与えるものである。なぜなら，従来のマーケティング活動の領域は，市場環境を中心とした組織外部に対しての接近方法として位置づけられていたわけであるが，インターナル・マーケティングの登場によって，企業のマーケティング活動は組織の活性化や組織構造等の経営組織論的な領域までも配慮に入れて行うべきものであることが見いだされたといえるであろう。

　以上のようなマーケティング・コンセプトの変遷が，日本において総体的にみられたわけであるが，こうしたコンセプトはすべての業界や業種で同時に浸透していたわけではなく，それぞれが階層的・並列的に各企業で意識されてきた。したがって，市場状況や競争環境の変化によって実社会の現場で意識されるコンセプトの内容は前述の時代区分のように固定的なものではなく，現代においても生産志向や販売志向が強い業界も存在している。

## 第3節　マーケティング環境

### 1　マーケティングを取り巻く環境

　企業は，マーケティングを成功に導くために複雑で常に変化する環境に対して適切に対応していく能力を養う必要がある。マーケティング環境とは，企業にとって管理することが不可能な要因の総体をさしている。

　マーケティングを実行するにあたり考慮に入れなければならない環境要因には様々なものがある。それは，図1-2のような企業の事業機会に影響を与えるマクロ環境，同業種，異業種による競争環境，消費者，使用者による市場環境などである（有馬，1995：14-27，加筆）。

### 2　マクロ環境

　マクロ環境には，人口統計，経済，自然，技術，政治，文化の6つの要因が

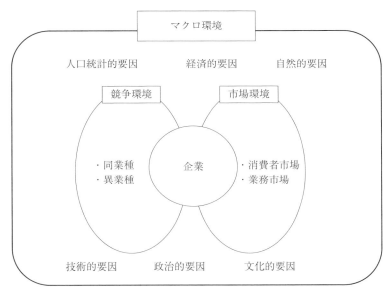

図 1-2　マーケティング環境

考えられる。

### (1) 人口統計的要因

　市場は人間によって形成されている。したがって，現代の企業は日本の人口はもとより，必要に応じて全世界の人口規模に対して焦点をあてる必要がある。その要素としては，地域的分布，人口密度，人口の流動性，年齢構成，出生・婚姻・死亡率，人種，民族，宗教などがある。近年の特色としては，世界的な人口増加，先進国での出生率の低下，高齢社会の進行，働く女性の増加などをあげることができる。

### (2) 経済的要因

　市場はまた，人だけではなく購買力も必要としている。購買力は，所得，支出，貯蓄，クレジットなどの関数であるから，それぞれの消費者要因の変化，

傾向，特質にも焦点を当てる必要がある。

### (3) 自然的要因

　天然資源の枯渇，エネルギー・コストの上昇，公害，天然資源をめぐる政治的問題なども企業のマーケティングに影響を与える要件である。

### (4) 技術的要因

　科学技術の発達は，人間の歴史に大きな影響を与え続けている。技術の発達の速度は，近年非常に速いものになってきた。技術革新によりわれわれの社会は「日進月歩」から「秒進分歩」とよばれるまでに変化を遂げている。最近はコンピュータの技術およびインターネット環境の進歩のスピードが特に著しく，情報化への投資を怠ることによるビジネス・チャンスを失う可能性が非常に多くなってきた。双方向メディアなどによる事業の方法の転換も今後さらに進むことが予想される。

### (5) 政治的要因

　法律，政府機関などによる政治的環境要因も，企業のマーケティングの意思決定に影響を与えるひとつの要因である。具体的には公正競争の維持，消費者保護などを目的とする法規制，政府機関の介入，消費者団体の成長などをあげることができる。

### (6) 文化的要因

　人々は，その社会の独特の信念，価値観，規範を形成して生活をしている。それらには，その社会で核となる信念や価値観のほかに下位文化もある。また，時代の流れとともに変化していく二次的な文化的価値観—自分，他人，制度，社会，自然，宇宙との関わり方や考え方—もある。これらの要素も消費者が意思決定をする際に大きな影響を与えるものであるから，マーケティングの意思決定にも重要な課題として位置づけられるものである。

こうしたマクロ環境は，経済学，社会学，文化人類学や消費者行動研究の分野で詳細な研究が進められているものである。マーケティングではこうした他の研究成果も参考にしながらより精密な戦略構築のための知識を深めていく必要がある。

## 3　競争環境

事業の収益性を決定する要因は無数に存在するが，その事業が属している業界の競争や，供給業者と顧客が業界とどのように関連しているかによって，実際的な収益性は大きな影響を受けている。事業の収益にとっては業界の市場の規模や成長性も大切であるが，それにもまして業界を構成する企業間の競争状態や，取引する近隣の業界の状態が重要となる。その意味で競争は企業にとって消費者と並ぶ重要な環境である。

マーケティングを立案する場合に，競争の状態や競争相手を理解することが必要になる。競争企業は，自社のマーケティングに直接的な影響を及ぼすものであるから，競争企業が誰であるか，競争企業がいかなる行動をとっているか，競争企業の長所と弱点は何か，という3点を分析することが特に重要である。

競争と一言で表しても，何を競い合うかによって競争企業のタイプは異なってくる。そこで，次の4つのタイプに類型して自社が競い合う相手が誰であるのかを明確に認識する必要がある。

① 同一製品分野で，異なるブランド製品を売り込む競争者

たとえば，家電業界における液晶テレビ，洗濯機などの販売競争は同一製品分野の競争相手によるものである。

② 同種製品分野で，異なる形態の製品を売り込む競争者

ブルーレイディスク，ハードディスクなどのデジタル録画の方式，電気とガソリンによるハイブリッド自動車と電気自動車などは同種製品分野で異なる形態の競争を行っているといえる。

③ 異種の代替品を売り込む競争者

ダイエット市場を考えた場合，食品，薬品，フィットネス・クラブ，医療機

器類などの各企業がそれぞれ異業種間で競争を展開している。

④ 別種の製品を提供して，代替要求を満たそうとする競争者

自動車と海外旅行は，種類はまるで異なる製品であるが，消費者の支出する金額の近さから競争状態が生まれることもある。

このような作業を通じて企業は競争相手を的確に認識し，自社の戦略方針を固めていくことになる。

## 4 市場環境

市場環境は，消費者市場と業務市場に大別できる。おのおのの特徴は次のようにまとめられる。

### (1) 消費者市場

#### ① 市場構成

消費者市場は，製品やサービスを購買するすべての個人または世帯から構成される。消費者市場は人口数，消費総額，成長率などによってその構成を具体的に数値で表現することができる。しかしながら，より詳細に消費者を理解するためには，消費者の年齢構成，所得，教育水準，流動性のパターン，嗜好などの様々な要素を分析していく必要がある。

#### ② 購買頻度

製品の購買頻度は，その消費量に依存している。子どものいる世帯では，いない世帯よりも牛乳やお菓子の消費量が多いことが簡単に推測できる。マーケティングでは，多量，中間，少量といった消費量の多寡で市場の細分化を進めることが多い。

購買頻度はまた，季節要因にも影響を受ける。水着，スキー，行楽地の宿泊，エアコンなどがその例としてあげられる製品であるが，その年の天候によって製品在庫や資金回収に大きな問題を生じさせることもある。これは一日や週単位の購買量にも同様な傾向がある。近年，POSシステムの普及により小売店

一店舗における日々の購買量の変化も知ることができるようになった。その結果，たとえば，気温が1度上がることによってアイスクリームの売上が上がり，逆に1度下がることによっておでんなどがよく売れるようになる，といった傾向までもわかるようになっている。

ライフスタイルの変化も購買頻度に影響を与えている。たとえば，都会におけるひとり暮らし世帯の増加や有職主婦の増加によって，購買が勤務時間の前後や深夜に集中したり，週末にまとめ買いが行われたりといった傾向が生み出されている。また，景気の状況なども消費者の購買心理に強く影響を与える。

③ ニーズ，ウォンツ

消費者は多様なニーズとウォンツをもっている。ニーズ（needs）とは，人間の生活に必要な基本的な欲求である。たとえば，食事をしたい，寒さを凌ぎたい，ゆっくりと眠りたいなどはニーズである。ニーズは，人間の生活上必要なものが奪われている状態で消費者に感知される欲求である。一方，ウォンツ（wants）は，個々人の個別の嗜好に基づく特定のものが欲しいという欲望である。たとえば，銀座のホテルで食事がしたい，イタリア製の洋服が欲しい，外車に乗りたいなどから，具体的なブランドにまで欲しいものがはっきりしている欲求がウォンツである。マーケティングでは，ウォンツを創造し，ニーズを充足させるために諸活動が方向付けられている。

## (2) 業務市場

生産者，流通業者などによって形成される業務市場においては，設備，原料，労働力など様々なものが購買される。この市場は，① 業務である生産，再販売，サービスの提供のために製品を購買する，② 多数の人が購買に関与し，それぞれの組織上の責任をもった人が，異なった基準で購買決定に参画する，③ 企業は，組織の方針，制約条件，必要条件を提示し，遵守する，④ 見積書，請求書，購買契約書など消費者の購買にはみられない購買手段が必要となる，といった消費者市場とは異なる特色をもっている。以下に，こうした特徴をより具体的にみていくことにする。

### ① 市場構成

業務市場は，第三者へ販売，賃貸，供給される製品やサービスの生産に使用される製品やサービスを購買するすべての組織や個人によって構成される市場である。農林水産業，鉱工業，建築業，輸送業，情報産業，公益事業，金融業，サービス業などの産業がそこに含まれている。業務市場の購買者の特徴は，消費者よりも購買金額が大きく，定期的であり，交渉に相対的に長い時間が必要とされる。また，業務市場の顧客の数は，消費者市場に比較して大規模であるが少数である。

### ② 購買頻度

製品の特性（腐敗性，価格，体積，形態など），在庫政策（大量発注による値引き，在庫費用，在庫による危険負担など），景気の見通しなどにより「いつどのような頻度で購買するか」が影響される。たとえば，自動車メーカーは鉄板などは毎日のように購買するかもしれないが，事務用品は月に1回程度かもしれないし，工作機械は年に1回あるいは数年に1回程度であろう。生産財は基本的にはそれが製品になってまた市場に出ていくので，その最終市場の動向に大きく影響されることになる。

### ③ 購買意思決定者

購買組織は顧客ごとに異なるから，生産財の販売を行う企業は各顧客ごとにその購買組織，役割，影響度を慎重に調べた後，その組織体への最適な接近方法を決定しなければならない。その際に，最低限① 関与するのは誰なのか，② 彼ら一人ひとりの影響力はどれくらいあるのか，③ 彼ら一人ひとりの評価基準はどこにあり，どのような評価を行っているのか，という3つの質問に対する答えを用意できなければならない。

## 5　SWOT 分析

自社の置かれた環境を分析するための基本的な分析手法として，SWOT 分析がある。SWOT とは，「強み（strengths）」「弱み（weaknesses）」「機会（opportunities）」「脅威（threats）」をさし，自社の内外と市場環境を分析するため

第1章　マーケティング総説　17

に用いられる。ここでは外部環境要因である機会と脅威，および内部環境要因である強みと弱みに分けて説明する（Day, 1984 = 1992：61-69）。

### (1) 機会と脅威

　機会とは，自社の競争優位のために新しい基盤を示唆し，追求しようとすれば，事業成果を向上させる可能性のあるものである。たとえば，新規事業のアイデアや戦略的同盟の申し込みなどがある。つまり，機会は自社にとってプラスのインパクトを与えるものであると理解すればよい。

　一方，脅威とは，戦略の実行を妨げたり，戦略のリスクを高めたり，現行の戦略を実行するために必要な資源を増大させたり，収益性や財務成果の期待を低下させるものをさしている。たとえば，大手企業の当該市場に対する新規参入や円高による外貨獲得の困難さなどをあげることができる。つまり，脅威とは，自社にとってマイナスのインパクトを与えるものすべてなのである。

　機会と脅威は，事業の優位性から考えられている。そのために，自社の機会は他社の脅威であり，その逆も成り立つのである。機会と脅威は次の手順で検討していくことになる。

　① 環境の各要素を検討し，各領域内の傾向について仮説をたてる。
　② 各仮説に用いられるデータの分析を行う。
　③ 各仮説に重大な影響を与えるような機会と脅威を識別する。
　④ 特に事業にとって重大な意味をもつ機会と脅威を選び出し，そのインパクトを評価する。

　こうした一連の作業を通じて，自社のマーケティングが最大限に能力を発揮できる市場の探索がすすめられる。

### (2) 強みと弱み

　次に行わなければならない分析は，変化する外部環境に対して，事業が成功する資源と能力をもっているかどうかの判断である。そのためには，自社の強みと弱みを把握しておく必要がある。

18　第1部　マーケティングの基礎理論

　強みとは，機会を開拓して脅威を回避するために行動を続けることができる自社の特異な能力のことである。たとえば，先進的な技術開発力や精度の高いマーケティング・リサーチの能力などがある。

　弱みとは，自社の企業活動の遂行能力を妨害するもので，失敗を避けるために克服しなければならないものをさしている。たとえば，営業部員のモラルの低さや物流の非効率さなどを上げることができる。

　自社の強みと弱みを評価するためには，次の6つの能力について分析する必要がある。

① アイデアとデザイン能力—マーケティングとテクノロジー研究能力，パテントとデザイン，および財源と資金量を含む。

② 生産能力—コスト，品質，生産性，サービス能力・迅速さ，製造プロセスの柔軟性など。

③ 市場能力—標的市場のカバレッジ，顧客についての知識，顧客に対する対応，顧客に対する説得力，サービス力，および融資を含む。

④ 流通能力—配送コストとスピード，流通業者との関係を含む。

⑤ 財務能力—資金調達源と量を考慮，所得を生み出す事業能力，所得の処分に対する利害関係者の優先順位など。

⑥ 管理能力—リーダーシップ，計画立案能力，経験の深さ，統制と測定の有効性を含む。

　これらの能力は，戦略的な視点から考えた場合には，必要な要素をすべて含んでいるわけではない。実際の運用に際して必要なことは，現在あるいは将来出現しつつある重要な成功要因に照らし合わせて自社の能力を評価することなのである。これは，競争環境や市場環境が変化している時期には特に重要なことである。


# 第4節　マーケティングと競争対応

　マーケティングにおいて自社の製品・ブランドを効率的に販売していくため

には，市場分析と併行して競争分析を実施する必要がある。ここでは代表的な競争分析方法を紹介する。

## 1　製品ポートフォーリオ（product portfolio）分析

　わが国の多くの企業では数多くの事業を並行させて経営活動を行っている。2つや3つの事業であれば，経営者の目が充分に届くであろうが，多数の事業が同時に行われている場合には，ヒト，モノ，カネといった経営資源を何処にどれだけ配分すればよいのかという問題は非常に複雑なものになってくる。そこで，製品あるいは事業間の最適な資源配分を決定する方法としての製品あるいは事業ポートフォーリオという考え方が重要になってくる。製品あるいは事業ポートフォーリオにはいくつかの方法があるが，最もよく知られているもののひとつは，ボストン・コンサルティング・グループによる製品ポートフォーリオ分析である（有馬，1995：53-57）。

　一般的に市場シェアの大小は，その製品のコストに重要な影響を及ぼす。大きい市場シェアをもつ事業は，それだけ低い平均コストをもつことになる。価格面が各社同じであるとすれば，シェア1位の企業の利益は大きく，他社に比べて多額の資金が入ってくることになる。

　一方，小さい市場シェアしか得られない企業は，大きい市場シェアの企業に比べてコスト面で不利になり，それだけ利益的には不利になる。すると，得られる資金量も小さなものになってしまう。さらに，もしこの市場が毎年10%や15%という成長期の市場であるとしたら，競争のための資金負担は非常に重いものになる。少なくとも現在の市場シェアを維持するだけでも多大な投資をする必要があり，それだけ資金が流出していくことになるからである。もしこの時期に先行する市場シェアの大きな企業に追いつこうとするのであれば，さらに大きな投資資金が必要となる。

　このように，自社の事業の市場でのシェアの相対的地位（自社の市場シェア／最大企業の市場シェア）と市場成長率から，どれだけの投資資金が必要となるか，そしてどれだけの投資資金をその事業から得ることができるのか，おお

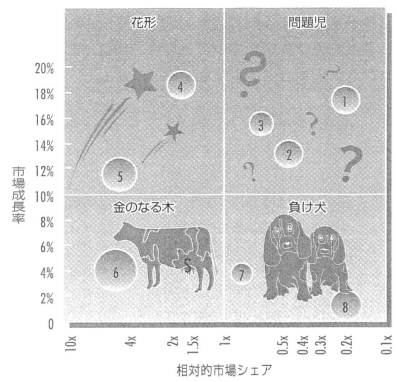

図1-3 製品ポートフォーリオ

出所）Hedley（1977：12）

よその目途を得ることができる。この相対的市場シェアと市場成長率の2軸からなる製品ポートフォーリオは，図1-3のようになる。もし企業がいくつかの事業あるいは製品をもっているのであれば，それらをこの空間にプロットしてみればよいのである。図のなかの何処に位置するかによって，各事業の資金の流入と流出の量は大きく違ってくる。

　たとえば，左下にある事業を考えてみる。この事業群は，相対的市場シェアは高く市場成長率は低いという位置にある。そのために多くの資金が流入する一方で，流出する資金は少ないことになる。つまり，この事業群は多額の資金をもつことになるはずである。そして，おそらく資金が不足している事業へ，

その余った資金を貸し出すことになるはずである。この事業群が「金のなる木」と一般によばれるのはそのためである。

　次に，その逆に位置する右上の事業群をみていくことにする。この事業群は「金のなる木」の事業群とはまったく逆の性格をもっている。市場シェアが低いために入ってくる資金は少なく，一方で市場の成長率が高いために出ていく資金量は多くなる。きわめて資金状況が悪い事業になる可能性が高い。このままではこの事業群が存続できないため，撤退して赤字の累積を防ぐか，一時的に多額の投資を行って市場シェアを改善し，資金の流入と流出のバランスをはかるという対処策が必要となる。これらの事業群は秘めた可能性をもつが企業に大きな負担を与える「問題児」と名付けられたのは，このためである。

　この2つの中間にある事業は，相対的市場シェアも市場成長率も高い事業群は「花形」と，両方とも低い事業群は「負け犬」とそれぞれよばれている。

　さて，このようなポートフォーリオは，戦略計画のための重要な枠組みになる。第1は，この手法を利用して各事業の資金状況を明らかにし，全社的な観点から資金配分を行うことができるということである。

　一般的には，余剰資金をもつ「金のなる木」事業群から資金が慢性的に不足する「問題児」あるいは「花形」事業群に資金の移転が行われることになるであろう。特にいくつかの「問題児」事業群には一層の資金投下が行われ，「花形」事業への転換が試みられるが，そうでない「問題児」事業群は当然整理されることになるであろう。こうした判断が行われることによって，メリハリの利いた資源配分が行われることになるのである。

　第2に，各事業がポートフォーリオ空間の何処に位置するかによって，どのような目標を追求すべきであるのかが明らかになる。つまり，ポートフォーリオの位置が異なる事業は，当然全社的なミッションも異なってくるのである。

　ある事業は資金を創出する役割を担うかもしれない。また，時には市場シェアをある程度犠牲にしても利益が求められるかもしれない。市場シェアが高く市場成長率が低い事業はそうなるであろう。あるいは利益を犠牲にしても積極的に投資して，売り上げやシェアの拡大がミッションになる事業もあるであろ

う。「花形」や「問題児」の一部の事業群がそうである。

　このように，製品ポートフォーリオによる分析を行うことによって市場動向の予測をある程度得られることになる。ここで重要なことは，自社の強みと弱みを理解したうえで，どのマトリクスに参入すべきであるかを総合的な見地から検討する必要があるということである。マーケティング戦略は，企業の内外の環境分析と意思決定の連鎖によって遂行されるものであるから，分析のための分析に陥らないように計画を進めることが肝要である。

## 2　競争地位分析

### (1)　競争地位類型

　近年，日本経済は停滞が強まり，市場シェアの拡大が容易に望めなくなってきている。そこで，マーケティングにおいても限られた市場需要を獲得するという発想に基づいた戦略が考えられるようになってきた。競争地位分析は，競争相手のシェアを直接奪うことを想定したマーケティングであり，攻撃と防御のための戦略理論である（Kotler, 2000＝2001：282-307）。

　競争相手からシェアを奪い，あるいは相手の攻撃をうまくかわすためには，自社と相手の力の差や市場における競争地位の違いを考慮に入れなければならない。競争地位の類型は，次の4つに分けることができる。

・リーダー（leader）　業界で最大のシェアを誇る企業。
・チャレンジャー（challenger）　業界2位，3位の企業。
・フォロワー（follower）　業界下位企業。
・ニッチャー（nicher）　業界全体のシェアは高くないが，特定の細分化市場で高い名声とシェアを誇る企業。

　業界1位の企業とそうでない企業の場合には，当然戦略は異なってくる。そこで，市場における競争地位の類型とそれらの戦略の概略を説明したい。

### (2)　リーダーの戦略

　どの産業でもリーダーと目される企業がある。この企業は，最大の市場シェ

アをもっている。そして一般的には価格改訂，新製品導入，流通カバリッジ，販売促進の密度などにおいて市場をリードする立場にある。同業他社からその市場支配力が認められており，競争企業にとっては目標であり，挑戦相手であり，模倣の手本であり，正面からの競争を回避する相手でもある。

日本や欧米では，市場の支配力のある企業も独占禁止法によって独占的な支配は行えないので，その地位の存続は容易なことではない。リーダー企業の目的は，市場における第1位の座を維持することにある。この目的を達成するためには，主に次の2つの副次的な目標に分けられる。第1は，総市場をより大きくする方法を発見すること，第2は，現在の市場シェアを攻撃的・守備的戦略により維持確保することである。

総市場を拡大するための代表的な方法は，その製品への新規ユーザーを作り出すことである。いかなる製品であっても，その存在を知らなかったり，価格や機能や形態などが気に入らないために購入しない潜在的購買者がいる。そこで新規ユーザーを獲得・創造する努力が必要とされる。新しいユーザーを創造するための方法は香水を例にして考えるとわかりやすい。第1は，香水を使用していない女性に使うように促す方法（市場浸透戦略），第2は，男性に使用させる方法（新市場開拓戦略），第3は，他国で販売する方法（地域的拡大戦略）などである。

トップ企業は全市場の規模を拡大させるだけでなく，常に現状の市場シェアの維持に注意を怠ることはできない。第2位以下の競争企業は，トップ企業の弱点がないかと常に探しているのである。したがってトップ企業は，下位企業がシェアを伸ばしつつあるのを見逃してはならない。

リーダー企業が追いかけてくる企業に対してとる基本戦略は，① 新製品開発，顧客サービスの向上，流通改善，原価削減努力などにおいて業界をリードするイノベーション戦略，② 自社製品の価格を知覚価格と競争企業価格との関連で妥当と思われるところに維持し，市場の多様な選好に見合うだけの幅広い大きさや形状のブランドを作る防衛力増強戦略，③販売促進競争を仕掛けて，相手企業が支出できないほどの販売促進費を投入し，流通業者がリーダーのブラ

*24* 第1部 マーケティングの基礎理論

ンドを積極的に指名買いをするように仕向ける対決戦略などがある。

## (3) チャレンジャーの戦略

　業界で2位，3位といった地位にある企業は，追走企業といえる。これらの企業は1位のリーダー企業より小さいとはいえ，かなりの大企業である。これらの追走企業は，リーダー企業やライバル企業に敢然と攻撃を仕掛け，シェア増大をはかる挑戦者であるといえる。チャレンジャーが，シェアを拡大するには① 同品質の製品を安い価格で市場に供給する価格引き下げ戦略，② 高級品でない，中級ないしそれ以下の品質の大衆普及品を思い切った低価格で発売していく大衆価格製品戦略，③ リーダーより，高品質かつ高価格な高級品を提供する高品質高価格戦略，④ 同一の製品分野でリーダーの製品ラインに比べ，きわめて多くの品種を揃える製品拡散戦略，⑤ 画期的な新製品でリーダー企業の地位を奪い取ろうと試みる製品イノベーション戦略，⑥ 新しいサービスを提供しサービスの質を高めてリーダー企業を攻撃するサービス改善戦略，⑦ 新しい流通経路を開発してシェアを伸ばしていこうとする流通イノベーション戦略，⑧ 成長の鍵を製造コストの低減から引き出そうとする製造コスト低減戦略，⑨ 広告・販売促進の量を増やし，メッセージの質を高める広告・販売促進強化戦略などがある。

## (4) フォロワーの戦略

　すべての追走企業がリーダーに挑戦するわけではないし，自社の顧客を奪おうとする挑戦を軽視するリーダーもいない。低価格，サービス改善，製品バラエティの追加といった攻勢にも，トップ企業はそれらをすべて無力化する力をもっているし，総力戦ともなればその力ははるかに強大なこともわかるであろう。熾烈な戦いは両方を疲弊させる。チャレンジャーが攻撃を仕掛けるときには，よくよく考えてからにしなければならない。製品や流通での画期的なイノベーションによって成功した場合でなければ，チャレンジャーはリーダー企業を攻撃するよりは，その後を追従する戦略をとることが多い。

フォローするということは受動的であるという意味ではないし，リーダー企業の完全な模倣とは異なる。フォロワー企業も自らの成長の道程は明確にしておかねばならない。そのためには現在の顧客を維持し，新しい顧客に対しては適正なシェアを勝ち取る方策は明確でなければならない。また，企業はロケーション，サービス，金融面など自社の有利性を発揮できる標的市場群を明確にしておかねばならないし，新しく開かれつつある市場にはいつでも参入できる態勢も整えておかねばならない。さらに製造コストを低く押さえ，品質やサービスを高い水準に維持しなければならない。

フォロワーは，リーダーよりもシェアでは劣るが，利益では同等，それ以上の業績を上げることも可能である。そのための成功の鍵は，市場の特定とそこへの集中，効率的な研究開発，シェアよりも利益重視，そして強力なトップ・マネジメントの存在である。

## (5) ニッチャーの戦略

ほとんどの産業には多くの小規模企業があり，それらは大手企業との衝突を避けながら特定の市場で事業を運営している。これらの小規模企業は，専門家による効率性を発揮でき，かつ大手企業が見過ごすか，無視しているニッチ（niche：元来の意味は，像などを納めるための壁に作った小さなくぼみ＝小さな安住の地）を見つけ，そこを市場としている。

ニッチでマーケティングを行うことは，小規模企業だけでなく，大手企業の小事業部にとっても興味のあることである。これらの企業が生き残っていくためには，安全かつ利益の上がるニッチを見つけだすことが必要である。理想的なニッチには，① 利益が出るだけの大きさと購買力。② 潜在的な成長要因がある。③ 大手企業があまり関心をもっていない。④ 自社の卓越した能力を効率よく発揮できる。⑤ 大手の参入を防止できるだけのブランド力がある，などの特性が求められる。

*26* 第1部 マーケティングの基礎理論

## 第5節 マーケティングの基本的戦略と管理

### 1 製品差別化戦略

　市場には同業者による類似製品がたくさん存在している。こうした製品群のなかから，自社の製品を消費者に選択させるためにはその製品が魅力的でなければならない。消費者に自社製品の差異を知覚させ，競合する製品との間に差別的優位性をもたせる戦略を製品差別化戦略という（有馬，1995：66-69）。

　製品が差別化されている状況を創出するための条件としては，次の3つが考えられる。

#### ① 製品の物理的な差異

　製品の用途は同じであるが，製品の性能，構造，デザインなどに差異がある場合である。乗用車，家電品，カメラなどがこれに該当する。

#### ② 製品のイメージ上の差異

　広告などの説得的な販売促進活動によって，消費者がブランド選好をもっている場合である。化粧品や洗剤，大衆薬などの場合，消費者はその品質や効能を判断できる能力をもたないため，企業イメージや製品のブランド名に頼って製品を購買する場合がある。このような場合には，製品のイメージ上の差異が大きいといえるであろう。

#### ③ サービスの差異

　情報提供，アフターサービス，信用供与などの付帯サービスに違いがある場合である。コンピュータや自動車など高価でかつ使用のための技術が必要な業界では各社のサービスの違いが重要な意味をもつ。


　いずれかの理由によって製品差別化がその業界で目立ったものになっているのであれば，企業間の直接的な競合関係は小さくなる。したがって，価格を大きく変更しない限り，他の企業が追随を容易に行わないようになる。その結果，価格面での競争が起こりにくくなり，多様な次元での競争状況となる。また，独自の顧客層を確保することが可能になり，その顧客市場に関しては独占的な

第1章　マーケティング総説　*27*

地位を確立できることになる。個々の企業が独占的な地位を得ることになると，それだけ業界としての収益性は大きくなる。

## 2　市場細分化と標的市場の設定

### ⑴　市場細分化の意味と効果

　企業がどのような市場で事業を行う場合でも，すべての顧客に対して販売を行うことはほとんど不可能である。顧客は一般的に，数多く，拡散して存在しており，購買行動もそれぞれ異なっている。したがって，自社が得意とする顧客層もあれば，他社に有利な顧客層もできてくるわけである。そこで，それぞれの顧客の要望に対応することができ，さらにマーケティング戦略を効率的に行うために，市場をいくつかの顧客の部分集合に分割するという作業を行う必要性が出てくる。これを市場細分化（market segmentation）という（有馬，1995：69-73）。

　現代のように市場が成熟してくると，かつてのような大量生産，大量販売はもはや行えない。各社が皆，類似製品で一様にマス市場に販売していると，やがて激化する競争で価格は下落し，利益は減少する。そこである段階で，品質や機能特性，スタイルなどに変化を付ける製品差別化の考え方が現れた。しかしこれは製品変化の可能性だけを追求した製品志向から発するマーケティングの発想であるのに対し，市場細分化の考え方は，顧客グループとそのニーズの差異を認識したより市場志向の考え方なのである。

　市場は，規模や地域や製品への要求や購買行動などで異なった顧客によって構成されている。これらすべての要素が，特定企業にとって魅力的な顧客となるわけではないので，顧客の特性や自社の販売能力に応じた市場の細分化が必要となる。

　市場細分化には，細分化に最も有効な細分化基準を探索する作業が含まれている。市場細分化の基準には，年齢，性別，学歴，所得，職業，ライフステージ，社会階層，地域といったデモグラフィック（demographic：人口統計的）基準やパーソナリティ，生活価値観，ライフスタイル，ブランド・ロイヤルティ，

興味，関心，製品関与・態度などのサイコグラフィック（psychographic：社会心理的）基準に加えて，顧客価値の観点からいくつかの基準がある。

たとえば，製品に求めるベネフィット（benefit：便益）を基準とするもの。自動車を例に取れば，営業用，通勤，レジャー，ショッピング，ステータスなど異なる便益が細分化の基準となる。

その他，使用頻度や顧客のロイヤルティ（loyalty：忠誠心）の程度，顧客が自社製品を購入した額や回数，顧客との関係（初めての客，得意客，企業のサポーターなど）といった基準があげられる。

ここで比較的容易に達成可能な細分化の基準は，人口統計的基準である。この細分化基準は，データも入手しやすいものである，しかしながら，顧客のニーズの差異を必ずしも反映できるとはいえない。一方でサイコグラフィック基準は顧客のニーズに直結しやすいという側面はあるが，実質的に有効な細分化された市場を導きだすことは困難である場合が多い。したがって，いくつかの基準をくみあわせて消費者のニーズに適合させていくことによって，具体的な顧客のイメージを掴むことができるので，企業は最適な細分化基準を探索する努力を怠ってはならないわけである。

市場細分化の方法は無数に存在するが，なされた細分化は効果的でなければ意味がない。細分化をすることが目的となった，細分化のための細分化で終わってしまっては意味がないのである。細分化を行うためには，① 情報を充分に把握できるか，② 効果的に自社がアプローチできるか，③ ペイし得るだけの規模をもっているか，といった評価基準を用いて検討することが有効である。

市場細分化を行うことによるメリットは，各市場機会が比較できる，製品と販売方法をその標的市場に対して正確に調整できる，その標的市場の反応に応じてマーケティング計画が策定できる，などをあげることができる。

## ⑵　標的市場の設定

市場は，特定の企業にとってそれぞれ魅力度の異なるいくつもの細分化された市場から構成されている。したがって，限られた経営資源を有効に活用する

第1章　マーケティング総説　*29*

ためには，販売可能な市場を選んでそこにマーケティングを集中する必要がある。

　全体の市場を市場細分化によって適切に細分化することができたのであれば，次に企業が成すべきことは，どの細分化された市場に参入すべきかを決定することである。企業が参入を決定した市場を標的市場（target market）とよぶ。どの市場を標的とするかは，規模，成長性，他社に対して差別的優位性を発揮できるかどうかによって決定される。標的市場が明確に決定されれば，企業はその市場に有効なマーケティングを編成する段階に入ることになる。

　市場細分化は，自社の経営資源の検討と並行して行われる必要がある。そして，それらを総合的に分析したうえで，市場機会の評価を確定しなければならない。標的市場の選定は，自社の売上高の予測，販売方法に必要であると予測されるコストの計算などの要件をふまえた最終的な収益性の検討を経たうえで，合理的に進められる必要があるプロセスなのである。


⑶　**ターゲット・マーケティング**（target marketing）

　市場細分化によって企業は，自社をとりまくさまざまな市場に対する事業機会を明らかにすることができる。しかしながら，企業は必ずしも全体市場のなかの一つの標的だけを相手としてマーケティングを行うわけではなく，この時点で企業はどの市場を選択するかについての意思決定を行わなければならない。市場細分化から市場選択にいたるこの過程は，ターゲット・マーケティングと呼ばれ，それによる市場選択には次の3種類がある。

　①　**無差別マーケティング**（undifferentiated marketing）

　細分化された市場の異質性が判明した後も，市場全体をひとつの統一体として扱い，単一の製品とマーケティングによって市場全体を狙い，可能な限り多くの顧客の獲得をめざす戦略である。実質上，細分化を無視した全包囲型のマーケティングであり，かつてのコカ・コーラが単一のビンサイズだけで全市場に供給した例をあげることができる。このメリットは，経済性であり，生産・在庫・物流・マーケティングの各コストは最小限に押さえることが可能である。

*30* 第1部 マーケティングの基礎理論

しかし，多くの企業が無差別マーケティングを実施すると競争が激化するので，極端に収益性が悪くなる。そのうえ，小さな市場機会を無視することによって，後発企業の参入の余地を残すことになる可能性が高い。

② 差別化マーケティング（differentiated marketing）

各々の標的市場に異なった製品でマーケティングを実施することを差別化マーケティングという。トヨタや日産のフルライン戦略などはこれにあたる。これにより各標的市場で顧客ロイヤルティを高め，リピート購買を促し，市場における確固とした地位を確立して全体の売上高を増大させることができる。

しかし，一方で製品改良コスト，生産コスト，管理コスト，在庫コスト，プロモーション・コストなどの各コストの上昇を招くことになる。差別化マーケティングも行き過ぎると能率低下を招くので，適正規模での市場細分化が必要となる。

③ 集中マーケティング（concentrated marketing）

自社の能力が最大限に発揮できるひとつの標的市場を選んで，そこにマーケティング努力を集中するマーケティングを集中マーケティングという。この戦略は，成功すれば製品，流通，プロモーションともにひとつのものに特化するために経済性が上昇し，高収益性を得ることができる。多くの出版社が特定の分野の書籍のみを編集・発行しているのも集中マーケティングの例である。

しかしひとつの標的市場のみに特化することによるリスクも大きい。流行に左右されやすいアパレル・メーカーなどは，消費者の好みを読み違えると大幅な在庫を抱えてしまうことにもなりかねない。また，他社の参入を許しやすいというリスクも集中マーケティングは有している。

市場細分化を行う企業が直面する問題は，いかにして各々の細分化された市場で事業展開する価値を推定するかということである。そのためには，市場規模の分析から始まり，推定売上高などの収益性の分析，具体的な販売方法とそのコストの分析といった具合に，実際に市場に対して自社の経営資源を当てはめてシミュレーションをしていく必要がある。こうした作業を経て細分化市場

に対するシステマチックな考察ができ，そこで得られた結果により標的市場の設定がより精密に行えるようになるのである。

## 3 マーケティング・ミックス（marketing mix）

　マーケティングでは，企業の操作可能な手段の最適な組み合わせを計画し，顧客への接近を試みる。計画は使用可能な手段からしか立案できない。したがって，自社のマーケティング活動に使用可能な手段がどのようなものなのかを企業は把握する必要がある。

　企業が市場に接近するために使用可能な手段はひとつだけではない。一般的には，複数の手段を組み合わせてマーケティングは実行される。こうした組み合わせを行うことを一般的にマーケティング・ミックスと称している。これには企業内で調達できる手段以外に企業外に委託して利用可能な手段も含まれる。

　マーケティング・ミックスは，マッカーシー（McCarthy, E. J.）の"4Ps"と称される要素の整理が最も一般的である（McCarthy and Perreault, 1987：37-42）。"4Ps"とは，製品（product），場所（place），価格（price），販売促進（promotion）の4つの頭文字から命名されたものである。

　以下に，各要素の概要を説明する。

　製品とは，企業が標的市場に対して提供する製品とサービスの組み合せである。具体的には，品質，特徴，オプション，スタイル，ブランド（brand），包装，サイズ，保証，返品などに対しての企業の戦略として示される。

　場所（「流通」とも称されている）とは，標的とする消費者のもとに製品を供給する企業活動である。具体的には，流通経路，配送範囲，出店配置，在庫，輸送などの商品の空間的移転に関する企業の戦略として示される。

　価格とは，顧客が製品を手に入れるために支払うべき金額である。具体的には，価格表記，値引き，アローワンス（allowance：業者に対する割引），支払期間の設定，クレジットの使用などの顧客の支払いの便宜を図るための企業の戦略として示される。

　販売促進とは，標的とする消費者に対して製品の特徴・価値を知らせ，それ

32　第1部　マーケティングの基礎理論

を購買するように説得する企業活動である。具体的には，広告，人的販売，セールス・プロモーション（sales promotion），パブリック・リレーションズ（public relations）などの顧客とのコミュニケーションのための企業の戦略として示される。

　マーケティング・ミックスは，立場と目的に応じて使用する手段の優先順位が変化するものである。したがって，これらの諸手段で何が最も重要視されるかは，企業の置かれた状況によって異なってくる[3]。つまり，マーケティング・ミックスの諸手段はそれらがいつも同じ割合で重視されることはない。たとえば，製造業者の場合は製品そのものが最も重視されるが，サービス業では販売員の接客が消費者のイメージを決定するのでプロモーションが重視される。

　また，消費財は消費者の抱くイメージが購買動機の重要な要素となるので広告の役割が大きいが，生産財の場合にはテレビCMなどはあまり意味をもたないで，むしろ性能や価格，アフターサービスが重視される。さらに，同じ商品でも売り出された直後と数年経った後では重視される要因が変化する。たとえば，市場に導入された直後は認知度を高めるために広告が重視され，商品の改良時期が近づくと価格が最も売上高に影響を与える要因となる。こうした諸要素をうまく組み合わせることによって企業の競争優位に差がついてくる。

　マーケティング・ミックスの開発は，マーケティング技法の中心となる課題である。これらの各要素は主に企業の販売に直面する現場において今日まで技法が試行・開発されてきており，実務的なマーケティングに関する書物などではこの部分の説明に大半の紙面が割かれることになる。本書でも第2章以降において諸手段の特徴，戦略などが記述される。

注 ————————————

1）それ以前にも，マーケティング的な販売方法が日本において皆無であったわけではない。たとえば，江戸時代の呉服商越後屋（現三越百貨店）による正札販売（価格を札に明記した販売方法），掛け値なし（顧客との交渉で価格を決定するのではなく，顧客の納得のできる売価をあらかじめ提示して受け入れてもらう）などの，当時の販売慣習に革新的な技法を導入して顧客の評判を得た販売方法をマ

ーケティングの萌芽とみることもある。

2）AMA HP（http://www.marketingpower.com/AboutAMA/Pages/Definition-ofMarketing.aspx）

3）マーケティング・ミックスに関わる議論に関しては，有馬（2006）を参照されたい。

## 参考文献

Day, G. S.（1984）*Strategic Market Planning: The Pursuit of Competitive Advantage*, West Publishing Company.（徳永豊他訳（1992）『戦略市場計画—競争優位の追求』同友館）

Hedley, B.（1977）"Strategy and the Business Portfolio," *Long Range Planning*, Feburuary：9-15.

Kotler, P.（2000）*Marketing Management: Millennium Edition*, Prentice-Hall, Inc.（恩蔵直人監修，月谷真紀訳（2001）『コトラーのマーケティング・マネジメント—ミレニアム版』ピアソン・エデュケーション）

McCarthy, E. J. & Perreault, Jr., W. D.（1987）*Basic Marketing*, 12th ed., Irwin.

有馬賢治（1995）『マーケティング戦略—ビジネス・リーダー・システム』黎明出版

――（1998）「バリュー・クリエイション・マーケティングへの道程」有馬賢治・岩本俊彦・小宮路雅博編『バリュー・クリエイション・マーケティング』税務経理協会：3-28.

――（2006）『マーケティング・ブレンド』白桃書房

亀川雅人・有馬賢治（2000）『入門マーケティング』新世社

# 第2章 マーケティングリサーチ

## 第1節 マーケティングリサーチの意義と役割

### 1 マーケティングリサーチの意義

マーケティングリサーチは単に民間企業だけでなく公共部門の組織においても有効に活用されている。アーカー（David A. Aaker）とデイ（George S. Day）によれば，「マーケティングリサーチは，組織と市場環境を結びつけるものである。それは，情報の特定，収集，分析，解釈をふくむものであり，それによって経営管理者はその環境を理解し，問題や機会を識別し，マーケティング行為の代替案を開発し，評価することができる」と定義している（Aaker & Day, 2001：4）。この定義をみると，マーケティングリサーチを，経営管理者の意思決定に対する識別材料として評価している。

市場調査研究の先駆けである桐田尚作は，Marketing Research の訳語として市場調査を用い，次のように定義し解説している（桐田，1972：8）。

市場調査は，「市場流通に関する問題を解決するのに役立てるために，科学的方法によって情報を把握することである」。この定義から市場調査の考え方を整理すると次のようになっている。

(1) 市場流通とは，社会における商品およびサービスと資金との交換である。市場に働きかけるものは，商品を提供する企業ばかりでなくサービスを提供する政府や非営利法人である。

(2) 問題解決とは，市場において，企業・非営利法人・政府が消費者の変化やライバル企業の競争にともない問題が生じればこの問題を解決する方法を考えなければならない。この解決方法について経営者が自己の見識のみによって

判断を決定するとリスクが大きいが，科学的方法によって情報を獲得して論理的な判断を下せば，リスクを最小限にすることができる。

（3）科学的方法には，歴史的方法，帰納法，演繹法，分析的方法があるが，市場調査において用いられるのは分析的方法である。分析的方法は，記述分析，因果分析，論理分析に類型化される。記述分析は変化が多く理解に困難な観察事実を，小さな等質の事実に分離し観察して記述する方法である。因果分析は事実を時系列を通して観察し，ある事実の諸要因をそれぞれ原因として観察し，それらの諸要因すなわち原因とその結果である事実との関係を明らかにするものである。論理分析は事実上問題に直面して考察してえた論理的命題について，その命題に現われている諸概念を実態について把握する。すなわち，この論理的分析は，理論を実証するために事実を調べることである。

記述分析も因果分析も論理分析の枠のなかで行われることが多い。桐田は，この論理分析こそ市場調査において重視される方法であると述べている。

これらの定義から，ここではマーケティングとマーケティングリサーチ関係からマーケティングリサーチを次のように考える。

企業は，市場において自社商品の需要を創造し拡大を図るために，マーケティング環境を把握し，標的市場における標的顧客を決定する。そして，それに対応したマーケティング・ミックスを開発する。企業の経営者は，経営戦略を策定するために，政治経済・自然環境・文化的・社会的環境・消費者市場などマーケティング環境を把握し，自社の経営資源を生かして，企業の直面する諸問題に対する解決策を樹立しなければならない。ここでは，企業が直面しているマーケティング諸問題に対する解決策に対して，経営者に科学的な方法で得た情報を提供することであると定義しておく。

## 2　マーケティングリサーチの役割

企業経営者が経営活動を遂行する場合，経営の意思決定にあたって過去の経験や感にたよるのでなく科学的に情報を収集し分析する必要がある。J. R. エバンス＆B. バーマン（Evans, J. R. & Berman, B.）とデイは，経営者にとって，

36　第1部　マーケティングの基礎理論

① 競争に勝つこと，② 業績を測定すること，③ 金融や企業イメージのリスクを減らすこと，④ 広告の確実性を改善すること，⑤ 消費者態度を決定すること，⑥ 意思決定の支援をすること，⑦ 直感を確認すること，⑧ 効果を改善すること，⑨ 戦略を調整することであるなどの理由からマーケティングリサーチを必要としている（Evans & Berman, 1995：84）。

　出牛正芳によると，市場調査は，新製品開発のみならず，マーケティングのあらゆる問題解決のために，すぐれた参考資料を提供してくれるとして，次のような項目を挙げている（出牛，1970：5）。

　　1）経営におけるマーケティング問題の障害となっている原因の解決に役立つ。

　　2）市場の情報を科学的に収集することにより，勘，推量，意見，その場の感じというよりも，事実に基づき経営政策を正しい方向に導く。

　　3）経営者が市場についての科学的知識に基づいてマーケティング活動をすることにより，従業員が自信をもって仕事に従事することができる。

　　4）新製品や改良製品等のよきアイディアを得ることができる。

　　5）新市場や新顧客を発見するのに役立つ。

　　6）潜在需要の理由を明らかにすることにより市場創造することができる。


　最後に，マーケティングとマーケティングリサーチとの関係でまとめておくと，マーケティングには Puroduct（製品），Price（価格），Place（流通経路），Promotion（プロモーション）の頭文字をとって「4P」といわれる要素がある。製品については市場規模，消費者ニーズの把握，製品コンセプト，ブランド・イメージ調査など製品策定において必要であり，価格設定では，新製品価格設定調査，消費者の値ごろ感，競合他社の調査が必要となる。流通経路では，流通経路別配荷量調査，プロモーションでは，広告効果測定や販売促進効果においてマーケティングリサーチが重要な役割とサポートをしている（石井，2001：12-13：指方，2008：12-13）。

第2章　マーケティングリサーチ　*37*

## 第2節　マーケティングリサーチの範囲

　マーケティングリサーチの範囲を，① 市場に関する調査，② 製品に関する調査，③ プライシングとプロモーション政策に関する調査についてメロット（Mellott, D. W.）の所説を中心に要約する（Mellott, 1978：98-99）。

### 1　市場に関する調査

　(1) 消費者行動分析をすることによって，消費者の購買行動の特徴がわかる。たとえば，製品知名，広告想起，商品の購入経験・購入銘柄・購入量・使用方法・使用頻度等がわかり市場における商品に課題が発見される。ブランド・ロイヤルティの強さは，ブランド意識調査によって発見される。

　(2) 競争状況の分析では，市場における競合他社の製品，ブランドの数やタイプが明確になる。競合製品の特性（サイズ，形態，業績，価格など）についてマーケティング意思決定の参考になる。たとえばAブランドが品切れだとしたらBブランドにするか，どのブランドにするかを聞いて，その結果で代替関係にあるブランド同士は競合している。

　(3) 販売分析では，販売地域の割当や自社の販売員，卸売業者，小売業者の業績に対する測定の基準を開発する。耐久消費財の場合には，今後の購入計画，購入意向を質問する。

　(4) 流通チャネル分析では，新製品と既存製品の両方に用いられる。企業は必要とされる小売店や卸売業者の形態と数を決めねばならない。メーカーが流通経路調査を行う場合，流通のネックを発見しその改善を図ることができる。また流通組織の効率化と受発注システムの構築の材料を得ることができる。調査項目ではチャネル別取扱量，ディーラーの役割分担などが考えられる。

### 2　製品に関する調査

　(1) 製品計画において，企業が現在の市場にいかに浸透し競争できるかを決定する。また，どんな新製品が将来の市場に受け入れられるかを決める。

*38*　第1部　マーケティングの基礎理論

　新製品開発のための調査には，社内の営業情報の活用はもちろん小売店のデータと顧客・消費者の情報を分析する。

　たとえば，メーカー想定分野の先行商品について調査を行う場合の質問項目としては，① 商品の認知，② ブランド認知，③ ブランドごとの広告媒体認知，④ 商品の購入経験，⑤ 現在の使用ブランド，⑥ 商品の購入頻度，⑦ 商品の購入場所，⑧ 商品・ブランドの今後使用意向等が考えられる（指方，2008：42）。

　(2) パッケージングの市場調査では，パッケージングデザインの種類を決めるのに利用される。テストは，提案されたデザインに対して消費者と中間業者の反応を得るためになされる。

## 3　価格政策とプロモーションに関する調査

　(1) 価格政策に役立つマーケティングリサーチは競合製品の価格や自社製品のマーケティングコストについて示すことができる。受容される価格帯の測定は，価格受容性測定法が用いられる。対象者に対する質問は，① 少し高めの価格，② 少し安めの価格，③ 高すぎる価格，④ 安すぎる価格をカードにして相手に見せて価格政策を考える（後藤，1999：282）。

　(2) プロモーションに関する調査は，企業はメディアの受手（読者，視聴者）の特性と特別なメディアの影響についての情報のための市場調査を実施する。

　広告および商品の浸透状況をつかむための調査の場合，競合他社との差が，広告手段なのか，頻度なのか，コンセプトなのかを明らかにする場合の調査項目としては次のことが検討される。① 商品認知―洗顔用美白洗浄液の認知，② 洗顔用美白洗浄液出の認知ブランド名―純粋想起，③ 洗顔用美白洗浄液―ブランド名の再認認知，④ ブランド別認知経路・認知手段，⑤ ブランド別認知媒体名，⑥ ブランド別認識イメージの内容，⑦ ブランド別購入経験，⑧ 現在の使用ブランド，⑨ ブランド変更の場合，その理由について設定することができる（指方，2008：90）。広告効果の測定として，事前事後計画による測定はある期間の広告キャンペーンについて，その前後に同一サイズの標本を選んで，広告銘柄の知名，イメージ，購入意向，広告認知，広告内容想起，各銘柄

購入量を同一様式で調査する。その結果を比較して期間中の増加量をもって広告効果とみなす（後藤，1999：286）。

　現在，アメリカでの599社の調査活動では，広告調査では広告効果調査，新製品調査では，競合品調査，販売・市場調査では，市場潜在性の測定，市場シェア分析，市場特性分析が主流となっている（Kotler & Armstrong, 1990：87）。

## 4　顧客満足度

　マーケティングとは何かとの問に対して，「売れるしくみ」を作ることを目標とすることであるとか，顧客満足を図ることといわれている。

　ここでは，経営努力としての顧客満足度調査の主な項目について触れておく。顧客のアンケート葉書の効用については，宗次徳二『CoCo 一番屋答えはすべてのお客様の声にあり』（2010）に著されている。

　(1)常設型アンケートは，スーパーマーケットやホテル，家電量販店，飲食店などでみられる。調査項目はスーパーの場合は，① 売場，② 品揃え，③ 商品の品質・鮮度，④ 値段，⑤ トイレ等の店内設備，⑥ 駐車場・駐輪場，⑦ 従業員対応など。ホテルの場合では，① 予約について，② ホテルを選んだ理由，③ 当ホテル以外のよく利用するホテル，③ 旅行の目的，④ 利用頻度，⑤ フロントの接客態度について，⑥ 朝食のサービスについて，⑦ レストランについて，⑧ 客室整備・部屋の掃除について，⑨ 館内施設について，⑩ 宿泊料金について，⑪ 利用に関する満足度，⑫ ホテルを知った媒体など。飲食店の場合では，① 来店頻度，② 来店動機，③ 店舗利用理由，④ 店舗選択理由，⑤ 料理メニューの味・値段・提供時間，⑥ 接客態度，⑦ スタッフのやる気，⑧ 店の雰囲気，⑨ メニューに対する提供時間，⑩ 全体的な満足度など。家電量販店の場合は，① 販売員の挨拶，② 接客態度，③ レジの対応，④ 販売員の商品知識，⑤ 店内の雰囲気，⑥ 清掃状況など考えられる。

　(2)ミステリーショッパー調査とは，顧客のふりをした調査員が店舗や施設を訪問し，買い物やサービスの提供を体験し，売場や接客，サービス内容などについて，顧客の立場から評価する調査である。飲食店の場合の調査項目は，

*40* 第1部 マーケティングの基礎理論

接客・応対の評価が中心で，入店時の挨拶，飲料や料理の待ち時間，従業員の言葉づかい，応対の態度・適切さ，問題発生時の対応，清掃状態，内装や雰囲気，レジの処理，退店時の挨拶などが考えられる（指方，2008：108-111）。

## 第3節　マーケティングリサーチの手順

　マーケティングリサーチの手順について，コトラー＆アームストロングは，① 問題の明確化と調査目的　② 情報収集の調査計画　③ 調査計画の実行：データ収集と分析　④ 調査結果の解釈と報告の4段階に分けている（コトラー＆アームストロング，1997：113）。ここでは，① 予備調査の段階　② 正式調査の計画　③ 結果処理の段階の3段階に区分して説明する。

## 1　予備調査の段階
### 第1段階：状況分析

　　状況分析の目的は，まず調査すべき問題に関する社内外の基礎的な製造・販売等に関する資料収集を行い検討する。そして問題に関する背景的知識を整理して，問題が存在しているか否かを調べる。問題が存在すればそれをどのようにして解決したらよいかを考える（桐田，1972：84-85）。

### 第2段階：略式調査

　　状況分析の結果，問題が明確となり理解されると，その問題の解決策を考究する。この問題の解決策を考えるため，消費者や小売業者等の流通業者に対する面接を行いそれによって得た情報を基に仮説を展開して市場の感じをとらえることである。略式調査の報告書は市場の動きを伝えマーケティング活動に新しいアイデアを提供し，経営政策に役立てる（桐田，1972：99-101）。

## 2　正式調査の計画

　正式調査の計画を立てることは，市場調査手順として重要な段階である。桐

田は市場調査計画にあたっては，(1)調査の特殊目的の決定，(2)調査テクニックの決定，(3)資料の種類と資料源の決定，(4)資料収集に用いられるべき書式の準備，(5)標本抽出，(6)試験調査の実施，(7)調査作業計画の費用決定，(8)調査作業計画の費用決定，による作業が順序よく行われるべきとしている（桐田，1972：107）。以下，主な内容をまとめると次のようになる。

## (1) 調査の特殊目的の決定

調査の特殊目的は，状況分析の結果問題が明確となり，その問題を解決する調査目的が明らかになり，それを論証するために仮説を決定し調査目標を決めることである[1]。

## (2) 調査方法の決定

質問法は，質問紙を用いる方法が最も広く行われている。一般にアンケート（enquete）といっているが，フランスの文献においても questionnaire とよんでいる。調査票を記入するのが自分か他人かによって，郵送法や面接法，電話法等に分けることができる。それぞれ長所，短所あるがその他には，パネル法，動機調査法，観察法，マーケティング実験法，インターネット調査法などがあるが調査目的，調査費用などを検討して選択する（詳しくは第4節参照）。

## (3) 資料の種類・資料源と資料収集に用いられる書式の準備

(1)資料の種類は，第1次的資料と第2次的資料に区分される。第1次的資料とは，マーケティング戦略を展開するための実践的な新規資料であり，実態調査によって収集される。第2次的資料とは，企業内部や外部の既存の資料である。企業内部の資料とは，企業の経営活動における営業報告書，財務諸表，顧客情報，流通情報，会社の沿革史など会社の記録である。企業外部資料とは，政府（内閣府：国民生活白書，家計消費の動向，総務省：国政調査，経済産業省：商業統計調査，工業統計調査等），金融機関，報道機関，広告会社などで作成された刊行物である。

42　第1部　マーケティングの基礎理論

(2) 資料収集に用いられる書式の準備は，質問票の作成，質問項目の検討，質問方式として自由質問法か多項選択質問か順位質問かなどを考える。実際に調査を行う前に事前テスト（pretest）を行う，プレテストの標本数は20前後行うことが望ましい（桐田，1972：124）。

## (4)　標本抽出

　調査対象となる人，企業，店舗などの総数は母集団である。この母集団全部を調査するのが全数調査（悉皆調査）である。調査対象の母集団の一部から標本として選び出し，この標本を対象に調査を行うのが標本調査である。

　標本調査にあたっては，標本設計の一部としてサンプリングを行わなければならない。サンプリングには，① 無作為注出法，② 有意抽出法がある。無作為抽出はサンプリングを代表している。有意抽出法は標本が母集団を代表するものでなかったり，信頼度を統計的に確認しえなかったりする。

## (5)　調査費用と調査実施について

　集計方法，調査票等の印刷，調査員の手配，依頼状の発送，調査員への教示，調査票の検票，追加調査，データ入力集計表の作成，統計分析，報告書作成までのスケジュールの検討と調査に関わる会議費，交通費などの費用の見積を算出する。

## 3　結果処理の段階

### (1)　集計・分析と解釈

　収集されたデータは集計を行いこれを分析して解釈する。その手続きは次のように過程を経る[2]。データを解析するには，(1)調査票の回答内容をチェックする：自由回答法の質問に対する回答のコーディングや調査データの入力作業を行う。(2)質問項目別に調査対象の特徴を把握する：単純集計を行い，度数分布表やヒストグラフを作成する。その際には，次のことに注意する。① 実数でなくパーセントで示す，② パーセントを決めるときに基数を決めて

おく，③ 無回答を集計の対象に含めるか，④ 回答選択肢の統合を考える，⑤ 順位回答形式の質問は順位ごとに集計する。⑥ 度数分布表とヒストグラフを作成する：データの中心や散らばりを把握する。(3)比較によりデータを読み取る：統計的仮説検定，(4)クロス集計を行う：横計，縦計，総計をチェックする，(5)質問項目間の関係の有無を検定する：$\chi^2$検定，多次元的に解析する。

### (2) 報告書

分析の結果を報告書にまとめる（後藤，1999：252；高田・上田ほか，2003：195-198）。

報告書の作成のポイントは，① 報告相手を想定し，② 専門用語は避け，平易で明快な表現を用いて作成する。報告書の内容は，企業の意思決定の判断資料となる内容を要約する。調査を企画するにいたった事情と，調査で何を達成しようとしているかをまとめ，仮説の設定から調査目的を説明する。次いで，調査計画・方法，結果の分析，結論と提言である。最後に統計表，調査票などの付属資料を付ける。


## 第4節 マーケティングリサーチの方法

## 1 マーケティングリサーチ方法の判断基準と測定

### (1) マーケティングリサーチ方法の判断基準

マーケティングリサーチの方法は，調査票を誰が記入するかによって，(1)自記式：郵送調査・集合調査等と，(2)他記式：面接調査・電話調査等に分類する方法や，(3)調査の継続性に着目した分類によるパネル調査・継続調査に分類できる（大谷・木下ほか編，2001：146）。また，調査票を用いて行う調査票調査と調査票を用いないで行う質的調査に区分することができる。この2種類の調査は調査結果の解析方法からみると，調査票調査は定量的処理を，質的調査は定性的処理を行うことが多い（宮澤・城田・江尻編，2009：87）。このようにマーケティング・リサーチはいろいろに区分でき，それぞれにメリット・

44 第1部 マーケティングの基礎理論

デメリットがある。大谷・木下によれば，次のような判断基準を示している（大谷・木下ほか編，2001：147-148）。

① 被調査者本人が調査票を記入したか，回答が周囲の人物の示唆を受けていないかという回答内容の信頼性に対する基準，② どの程度（量および深さ）の質問項目を調査することができるかという回答の量的・質的制約に関する基準，③ 被調査者に対して調査員が与える影響に関する基準，④ 回収率の基準，⑤ 人的・金銭的なコストに関する基準，⑥ 調査に要する日数の基準，⑦ プライバシー保護に関する基準，⑧ 回答の疑問に対する説明可能性の基準等を挙げることができる。

以下では，質問法：面接法・郵送法・電話法・RDD法，集合調査法，インターネット調査，パネル法，動機調査法，観察法，マーケティング実験法・官能検査，質的調査の概要について解説する。

## 2　各種の調査法

### (1)　質問法

質問法（questionnaire method）は測定法（survey method）ともよばれている。この方法は，回答者に調査項目（回答者に関する何らかの事実，または回答者の意識）を質問するかたちでデータを得るもので，時間，費用，地域的範囲の広さ，質的項目などを考慮して，面接法，郵送法，電話法，集合調査法，インターネット調査が用いられる（田内・村田編，1986：123）。

### 1）面接法

面接法とは，調査者が調査対象者に直接会って質問をして，聞き取った回答を調査者が記録する方法である。長所としては，調査者が直接質問するので掘り下げた質問を行うことができる。本人かどうかの確認がとりやすい。反面，対面では回答しづらい質問がある。実施に時間とコストが大きい。回答者の反応についてのバイアスの危険も高い。面接形式により個別面接法と集団面接法に分けることができる。個人の深層心理まで及ぶ深層面接法や街頭面接法，訪問面接法などがある（岩井・保田，2007：17；西村・三浦編，1980：93）。

## 2）郵送法

郵送調査法は，郵送調査法（送付・返送共に郵送），留置面接調査法（送付のみ郵送），留置郵送法（返送のみ郵送）に区分されるが，一般的には郵送調査法を指している。郵送法とは，調査対象者に調査票を郵送し，調査票に回答を記入して返送してもらう方法。長所としては，広い地理的範囲を対象とした調査に適している，多人数のサンプルに適している，不在がちの人にも調査できる，プライバシーを守りやすい，調査員によって回答が変わるバイアスがないなどがある。短所として，代理回答があり得る，回収までに時間がかかる（岩井・保田，2007：17；朝野・上田，2000：134），相対的に費用が安くつくが回収率が低く約20％程度である，費用は2度，3度督促を出したりすると通信費など結構な費用となる，などがある。最近返信率が悪いので，費用を下げるため，返信者のみの費用を負担する料金受取人払郵便システムが見受けられる。調査票の配布と回収のいずれかを郵送する郵送留置もこの方法にいれることができる。

## 3）電話法

電話法とは，対象者に電話で質問を行い，電話によって回答を求める方法。長所は回答が迅速で費用も少なく，回答率も高い。短所は調査対象者が電話所有者に限定される，掘り下げた質問ができない，回答者が在宅・在室率の高い人に偏る，などである。現在ではファックス調査も実施できる（朝野・上田，2000：134，岩井・保田，2007：17）。

RDD法とは，固定電話の番号を乱数表によって抽出する方法である。電話帳に代わって，乱数によって電話番号を抽出し，それを標本とする。たとえば，固定電話の番号は名古屋052-000-0000，東京03-0000-0000のように，市外局番を含めると10桁で成り立っている。そこで，市外局番と市内局番の対応地域は公表されているので，調査地域に合わせて選択する。その上で，下4けたの固定電話の固有番号について，乱数表を用いて電話番号を抽出する。調査対象者が一般家庭である場合には工夫を要する（近藤ほか編，2008：49）。

46　第1部　マーケティングの基礎理論

### 4）集合調査法

調査対象者が集まっている場所（会社，学校）で，一度に調査票を配布して記入してもらう。対象者に1ヵ所に集まってもらい質問紙を配布。長所は，回答者に対する説明が可能である，短期間で一度に回収できる，回答のための時間は短い，多量の質問も可能である。短所は，調査地域が狭い，調査費用は小さい，統計的推測のために有効な標本設定が行いにくい，回答が調査員や周りの人々の影響を受けることがある（辻・有馬，1999：56-57；岩淵編，2000：79；岩井・保田，2007：17），である。

### 5）インターネット調査

### ① インターネットの特徴と種類

インターネット調査は，インターネットなどで回答者を募集し，アンケートの回答や回収をインターネットのサイトやEメールで行う方法である。インターネット調査は，インターネットに関連性が高いテーマ，ある商品のブランドAのユーザーなど特定グループの意見・意識・行動把握の収集分析に適している。その特徴をみると次のように整理できる（酒井，2006：26；酒井・酒井，2007：12-21；指方，2008：156-157）。長所として，調査対象者リストが不要，サンプリングなしでも可能，調査員が不要，回答データはそのまま集計できる，低コストで情報を得られるなど短期間で調査結果が判明する，大量の標本数を確保することができる，画像や動画を使っての調査ができる。短所としては，回答者が性・年齢・氏名を偽ったり，謝礼目的による重複応募をする可能性がある。統計的に抽出した標本の性別などの標本構成と母集団構成とのあいだに統計的な有意な差がある標本調査には不向きである。こうした匿名性や代表性をなくすために，謝礼の銀行振り込みを行ったりしているが年齢や職業などの本人の確認には限界がある。代表性をカバーする方法として，調査モニター（アンケート調査に回答することを前提に会員登録をした人）を特定して属性を確認し，パネル標本を設定する方法などがある。

インターネット調査の種類は，回答者募集方法が一般的である。回答者の募

第2章　マーケティングリサーチ　47

表 2-1

|  | 標本調査 | インターネット調査（クローズ型） |
|---|---|---|
| 母集団 | 調査対象母集団の定義が明確 | インターネット利用者名簿がない<br>調査モニターはインターネット利用者の縮図ではない。調査モニターの属性を自己申告で把握 |
| 対象者抽出 | 対象者リストからサンプリング | 調査会社のモニターリストから抽出・選定し，抽出・選定した人に協力依頼 |
| 対象者リスト | 調査への関心がない人も含む。広く一般の人。<br>住民基本台帳，電話帳，住宅地図，顧客名簿 | ポイント獲得目的で登録した調査会社のモニター。広告サイトに自ら応募した人 |
| 協力の任意性 | 依頼主との関係は一時的であり，協力は全くの任意である | 依頼主との関係は継続的契約であり，随時，協力が要請される |
| 協力の動機 | 調査テーマへの関心＋謝礼品 | ポイントの蓄積 |
| 謝礼 | 依頼は非継続的で，謝礼品は小額 | 協力に応じる回数が多いほどポイントを貯めることができる |

出所）酒井・酒井（2007：39）を抜粋

集方法はオープン型とクローズ型に分類できる（酒井・酒井，2007：36-37；安藤，2009：63）。

　オープン型とは，Web ページにアンケート内容を公開し，バナー広告などで調査協力を広くよびかけるもので，特定の個人に対する調査依頼は行わない。一人で複数回応募する場合のチェックが困難である。クローズ型は，Web ページでの公募，懸賞募集によるなど他の目的で集めた人，郵送調査などによる調査の回答者のなかの応諾者などで集めた調査モニター登録者から，調査の目的に合わせてそのつど実際の調査対象者を選んで行う。

② インターネット調査と標本調査の違い

　酒井は，インターネット調査と標本調査を対象者の違いから，表 2-1 のようにまとめている。

## (2)　パネル法

　同一対象者に特定の調査を一定期間ごとに反復実施するものである。一定期間にわたる市場の動き，消費者慣習や，傾向など商品の動きを把握することが

48　第1部　マーケティングの基礎理論

できる。その反面，調査期間が6ヵ月から数年間にわたるので，対象者の選定が難しく，対象者が脱落することも多い。また，調査費用も高くなる。パネルからの報告は，調査員による面接質問，購買した銘柄，買物場所などを日記帳に記録してもらったり，定期的に郵送する質問票に記入してもらって資料の収集に努める（出牛，1970：74-75；柏木編，1987：17；田内・村田編，1986：123）。

### ⑶　動機調査法

　消費者の購買動機を，内面的な感情，意思，欲求などの心理作用との関係を研究する方法である。動機調査に用いられる主なものは，① 広告コピーのテストとそのアイディアの獲得，② 販売員の接客態度の研究，③ ブランド選好についての研究，④ 製品や包装紙などのデザインの研究などである。動機調査の方法としては，① 深層面接法，② 集団面接法，③ 投影技法：語句連想法，文章完成法，絵画法，略画法，ロールシャッハ・インクブロット法，セマンティック・ディファレンシャル法（SD法）が挙げられる（田内・村田編，1986：123；田中，1971：119-122）[3]。

### ⑷　観察法

　観察法は質問によらず，購買などの実際の状況について観察して，調査目的に関わる事実や行動が記録する方法と，アイカメラなど測定機器を使って，広告コピー面における眼の動きを撮影して注目される部分を知る方法がある。たとえば，小売店の来店者に対する銘柄の購買行動を観察したり，店における交通量と売上との関係を検討するのに用いられる。調査事項に関して調査員と調査対象者が直接接触するという対人関係になく，調査対象の動作をそのまま記録するので，結果が割合正確である。調査には，多大の費用と時間を必要とする。調査員はエキスパートであり購買行動は測定できるが，購入動機のような心理的な問題は，推定する以外に方法がない（高田・上田ほか，2003：68；後藤，1999：98；出牛，1970：54-55）。

## (5) マーケティング実験法

　実査のようにあるがままの市場環境をとらえるのではなく，調査側が能動的に特定のマーケティング活動に処理を加え，その効果を調べる方法である。たとえば，中味が全く同質の洗顔クリームをA，B異種の容器によって，同地域，同期間，同価格で販売し，消費者の選好状況を実験によって調査する。しかし，実験で得られた結果が，必ずしも全体にわたって妥当しないことも留意する必要がある（田中，1971：119；田内・村田，1986：125）。

　テストおよび実験法として官能検査がある。官能検査とは，機会測定によらないで人間の感覚によって，塗装の仕上り具合，扇風機の騒音の不快さ，自動車の乗り心地，テレビの映像の鮮明さ，刃物の切れ味，布地の手ざわり，食品の風味などを評価することである（後藤，1999：204）。

## 第5節　調査票の設計

　調査票は，調査協力の挨拶状，質問文，回答カテゴリー，対象者特性で構成される（酒井，2006：53）。挨拶状は調査主体への信頼獲得に重要である。質問文と回答カテゴリーは質問本体である。対象者特性は最後に質問することが望ましい項目である。住所・氏名・年齢・職業，年収等については個人情報保護の確約も必要である。

　調査票の基本構成，質問文の作成手順，対象者特性，質問文の作成上の注意点について整理し，質問の作り方について解説する。

## 1　調査票の基本構成

　調査票で重要なのは，質問文と選択肢である。表紙には調査の名称，調査の目的，調査対象，調査方法，調査項目，調査主体，調査の問合せ先，回収日時，回収方法，記入上の注意，対象者の整理番号，調査員の訪問記入欄を設けておく。本文終了後に，調査協力の謝辞を記載する。最後に自由回答欄を設ける場合もある（大谷・木下ほか編，2001：70）。

*50*　第1部　マーケティングの基礎理論

## 2　質問文の作成手順 （酒井，2006：52）

① 質問文の案を作る：答えやすい質問から始め，質問間のつながりをスムースにし，答えにくい質問は後にする。

② 質問のタイプを決める：質問で求めるのは自由意見か選択方式か。回答のタイプは単一回答・複数回答・順位回答など決める

③ 回答カテゴリーの案を作る：各質問の回答選択肢の案を決める

④ 回答尺度のタイプを決める：名義尺度（名前，性別等）や順序尺度（好きなものの順位等）で定性的データを測り，間隔尺度（温度，成績等）や比例尺度（重量，金額等）で定量的データを測る

⑤ 質問文の案を作る

⑥ 質問票のレイアウトを検討する

⑦ 調査票点検のためプリテストを行う

⑧ 見直しと問題点の改善を行う

⑨ 調査票のレイアウトを決定する


## 3　対象者特性 （酒井，2006：68-69）

① 人口統計的特性：性別，年齢，結婚の有無，学歴，職業，就業上の地位，世帯の種類，世帯人員，家計の収入，個人の年収，住居の種類など。調査結果の分析をイメージして特性項目を決める。職業分類では，事務職，専門職，管理職，商工業自営，販売・サービス従業者，生産従業者，農林漁業従事者，専業主婦，学生，その他の職業・無職等に分類できる

② 心理的特性：対象者の感性・知性についての特性。感じ方，考え方，ライフスタイル

③ 経験的特性：調査テーマと直接関わりのあるものごとについての経験を示す特性

④ 地理的特性：来場者調査などの居住地，最寄駅からの利用交通手段。

⑤ 特殊な特性：調査テーマに応じて分析に必要な特性。栄養ドリンクの調査なら，体力を特殊な特性とする

## 4 質問文を作るときの注意点 (酒井, 2006：64；辻・有馬, 1999：77-84)

① 回答者がイライラしたりすることがないように質問文は簡潔にする。

② 難しい言葉や漢字，専門用語を用いず平易な言葉を使用する。

③ たびたび，この付近など範囲が不明確な言葉は使用しない。

④ 質問者に都合のよい回答を導き出す誘導的な質問はしない。

⑤ ひとつの質問で複数のことを聞かない。

⑥ プライバシー保護から生年月日を聞かないことが求められる。

⑦ 質問の相手を明確にする。

⑧ 調査方法に応じた質問文にする。

⑨ 回答選択肢の番号に○をつけてもらうのか，それとも回答記入欄に回答選択肢の番号を記入してもらうのかなど回答の方法を明確に指示する。

⑩ 回答選択肢には番号をつける。

⑪ 客観的事実に関する答えやすい質問から，意見などに関する答えにくい質問へと進める。質問文や回答を考えるときは，単独でなく数人で検討することが望ましい。

## 5 質問の作り方 (辻・有馬, 1999：73-75；高田・上田ほか, 2003：79)

質問に対する回答の取り方は，プリコード回答法と自由回答法に区別できる。自由回答法とは，質問文に対する回答を回答者に自由に答えてもらう方法である。プリコード回答法とは，質問文とともに示した回答選択肢のなかから，該当する回答選択肢を選んでもらう方法である。回答選択肢の数により，単一回答形式 (single answer：SA)，複数回答形式，順位回答形式に分類できる。これら3つの回答形式は，

① 単一回答形式は，提示する回答選択肢の数が2つである二項選択回答形式と3つ以上である多項選択回答形式に分類できる。

② 複数回答形式は，回答数を制限する制限複数回答形式 (limited answer：LA) と回答数を制限しない無制限複数回答形式 (multiple answer：MA) に分類できる。さらに，順位回答形式は，指定された数の回答選択

肢を選択して順位をつける一部順位回答形式とすべての回答選択肢に順位をつける完全順位回答形式に分けることができる。

## 6　回答形式と質問例

⑴　プリコード回答法

　1）単一回答形式

　　①　二項選択回答形式

　　　貴社では，過去5年間にコンプライアンス違反の事例がありましたか。

　　　　ⓐ あった　ⓑ なかった

　　②　二項選択回答形式

　　　あなたが車を購入するとき，次の2つの項目のうち，どちらを重視しますか，より重視する項目の番号に○をつけてください。

　　　　ⓐ 価格　ⓑ デザイン

　　③　多項選択回答形式

　　　貴社では，コンプライアンス違反が起こった場合，マスコミへの公表についてどのような行動をとりますか。ひとつを選んで回答記入欄にその番号を記入してください。

　　　　ⓐ 発覚直後に公表する　ⓑ 違反内容を精査した後，公表する　ⓒ できれば避けたいが，公表はやむをえない　ⓓ 公表しない　回答記入欄　□

　　④　多項選択回答形式

　　　④－1 あなたの会社の従業員の数についてお聞きします。次の区分で該当するものに○をつけてください。

　　　　ⓐ 100名未満　ⓑ 100名以上～250名未満　ⓒ 250名以上～500名未満
　　　　ⓓ 500名以上

　　　④－2 「経営責任者の日ごろの言動が，その企業のコンプライアンス実践に大きな影響を与える」という考え方について，該当するものを1つ選んでその番号に○をつけてください。

　　　　ⓐ 大いに影響を与える　ⓑ 影響を与える　ⓒ 影響を与えない　ⓓ 全く

影響を与えない　ⓔ わからない

## 2）複数回答形式

### ① 無制限複数回答形式

コンプライアンスの担当部署は以下のどれですか。該当する番号にいくつでも〇をつけてください。

ⓐ コンプライアンス担当部署　ⓑ 総務　ⓒ 秘書　ⓓ お客様相談部署
ⓔ 法務　ⓕ 広報　ⓖ 外部顧問弁護士事務所

### ② 制限複数回答形式

コンプライアンスの担当部署は以下のどれですか。該当する番号を2つ選び，その番号に〇をつけてください。

ⓐ コンプライアンス担当部署　ⓑ 総務　ⓒ 秘書　ⓓ お客様相談部署
ⓔ 法務　ⓕ 広報　ⓖ 外部顧問弁護士事務所
②制限複数回答形式


## 3）順位回答形式

### ① 完全順位回答形式

あなたが良いと評価する企業行動について，以下に示した6つの項目から，重要と思われる順にその順位を［　］内に記入してください。

ⓐ 学術・文化・スポーツ等への資金援助［　］　ⓑ 世界的なイベントへの協賛［　］　ⓒ 難民救済への資金援助［　］　ⓓ 地球環境保全のための資金援助［　］　ⓔ 財団の設立［　］　ⓕ 美術館や資料館などの設立・運営［　］

②一部順位回答形式

あなたが良いと評価する企業行動はどれですか。以下に示した6つの項目から，2つを選び，重要と思われる順に，その番号を記入してください。

ⓐ 学術・文化・スポーツ等への資金援助　ⓑ 世界的なイベントへの協賛　ⓒ 難民救済への資金援助　ⓓ 地球環境保全のための資金援助　ⓔ 財団の設立　ⓕ 美術館や資料館などの設立・運営

54 第1部 マーケティングの基礎理論

回答記入欄　1位□　2位□

⑵　**自由回答法**

　1）数値記入

　　　あなたは，日常の買い物のために何店くらいのスーパーマーケットを利用していますか。　　　　　店

　2）文字記入

　　①　単語の記入：あなたのお住まいの市区町村をお書きください。

市・区・町・村

　　②　文章の記入：日頃利用しているスーパーマーケットについて，ご意見があればご記入ください。


# 第6節　標本調査

　標本調査の準備段階で重要なことは，⑴仮説の構成とそれを検証するための調査票を作成すること，⑵標本（サンプル）を選び出す過程の標本を抽出するサンプリングである。調査票を用いた調査方法には全数調査（悉皆調査）と標本調査がある。全数調査とは，調査の対象となるすべてについて調査することである。たとえば，20名程度のテニスサークル（という母集団）に属しているメンバー全員に，合宿などの行き先について調査することは容易にできる。しかし，「知りたい集団」の母集団が膨大な数の場合や，調査の対象者が全国的な規模になれば費用や時間がかかるので全数調査は困難である。全数調査には，国勢調査（5年ごとに実施）や商業統計調査（5年ごとに実施）などが行われている。

　標本調査とは，調査対象者全員ではなく，調査対象者から一部の標本を無作為抽出法などのように規則的な方法で選び，その標本（サンプル）に対して調査を行い分析して，全体を推定するものである（森岡編，2005：127-128）。標本抽出の方法には，⑴有意抽出法，⑵無作為抽出法がある。

第2章　マーケティングリサーチ　　55

表 2-2　有意抽出法の種類と特徴

| 標本抽出法 | 特　徴 |
|---|---|
| ①機縁法 | 友人，知人，会社の同僚など，調査に協力してくれそうな人々や組織を標本とする |
| ②偶然的機会を利用する方法 | 街頭を歩いて人，ある商店街に買い物に来ているなどのように，偶然的な機会を利用して標本を選び出す |
| ③応募法 | 本の愛読者カードや製品のモニター制度などのように，自発的に調査に応募してきた人々を標本とする |
| ④アンケート法 | 調査テーマに関連する分野の専門家を標本とする。将来の技術予測の際によく利用されるデルファイ法は，アンケート法による標本調査の代表例である |
| ⑤典型法 | 母集団を最もよく代表する「典型」と考えられる人々や組織を標本とする |
| ⑥割当法 | 国勢調査などですでに判明している性や年齢といった項目に注目し，これらの項目の構成比率が母集団の構成比率に等しくなるように標本を抽出する |

出所）辻・有馬（1999：116）

## ⑴　有意抽出法

　有意抽出法は，調査者が今までの自分の経験・知識の主観に基づいて，作為的に母集団から抽出する方法である。この方法には機縁法，偶然的機会を利用する方法，応募法，アンケート法，典型法，割当法がある（辻・有馬，1999：116）。その特徴をまとめると表 2-2 のようになる。

## ⑵　無作為抽出法

　無作為抽出法は，調査対象者のなかからは誰でもが標本として抽出される可能性を等しくもつように工夫された方法である。単純無作為抽出法，系統抽出法，多段抽出法，層化抽出法についてその方法の内容をまとめると次のようになる（辻・有馬，1999：116；森岡編，2005：130-134；安藤，2009：98-101；後藤，1999：58-60；桐田，1972：132）。

### 1）単純無作為抽出法（ランダムサンプリング）

　標本抽出台帳には一連の番号を記載しておき，乱数表から得られた数字やサイコロを振った数字と台帳に付けた数字とを，ひとつずつ対応させて抽出する。

この方法は，全体を代表する標本をまんべんなく抽出するが，標本の数だけ乱数を引いたりサイコロを振らなければならないから大変である。標本抽出台帳とは，母集団の全構成員名簿のこと。たとえば，20歳以上の成人について標本調査を行う場合には選挙人名簿がこれに該当する。ある特定の地域に住んでいる人の場合であれば，電話帳も抽出台帳になるが，電話帳の住所・氏名などから最近は詐欺などの犯罪に利月され問題化している。

### 2）系統抽出法

名簿などの台帳には一連の番号を記載しておき，第1番目の標本のみを乱数表やサイコロによって決定し，第2番目以降の標本は，一定の間隔ごとに選んでいく方法である。選ぶ間隔は，母集団を標本数で割った値を用いる。選挙人名簿などには世帯ごとに記載されており特定の性質の標本だけが選ばれるので注意を要する。

### 3）多段抽出法

母集団が四国地方全域，九州地方全域，東海全域（愛知，三重，岐阜）のように地域が広いときには，系統抽出法で標本を選び出すのは大変である。そのためにまず区支郡を無作為に抽出し，そのなかからエリア（小地区）を無作為抽出，さらにそこから世帯や個人，店などを無作為抽出する。抽出の段数に応じて，2段抽出，3段抽出……とよんでいる。

### 4）層化抽出法

母集団を構成する単位をその特性によっていくつかの層に分けて抽出する。層に分けることを層化といい，抽出された標本を層化標本という。抽出に当たっては，母集団における各層の大きさに比例して標本を選ぶことが必要である。比例割当とは，各層から，層の大きさに比例した数の標本をランダムに抽出する。同数割当とは，各層から，層の大きさには関係なく，同数の標本をランダムに抽出する。ネイマン割当とは，標本数が一定のとき，精度が最もよくなる

ように各層の標本数を決める。デミング割当とは，与えられた費用のもとで精度が最もよくなるように各層の標本数を決める。

　層化の基準としては，調査地点のレベルでは「地域」「市町村」「産業別」，個人のレベルでは「居住地」「性別」「年齢」「職業」などがある。

### (3)　標本数の決め方

　アンケート調査では，標本数をどれくらいにするかが大きな問題となる。精度を高めようとすると標本数はできるだけ多いことが望まれるが，調査費用は標本数に比例して増加する。標本数の決め方については，大谷信介ほか編（2001：120-122）にわかりやすい例題によって説明されている。以下それを紹介する。標本調査の場合，どれだけの標本数を調査しなければならないかという問題がある。母比率を推定する場合には，標本数を決める計算は次の式で求めることができる。

標本数(n)の決定方法：母比率推定の場合

$$n = \frac{N}{\left(\dfrac{\varepsilon}{K(\alpha)}\right)^2 \dfrac{N-1}{P(1-P)} - 1}$$

$\alpha$＝母集団特性の推定を誤る確率(危険率)＝通常5％＝その場合 $K(\alpha)$ ＝ 1.96
$\varepsilon$＝標本比率につけるプラスマイナスの幅
n＝必要とされる標本数　　N＝母集団の大きさ　　P＝母比率

＊例題として，有権者が10万人の都市で，住民投票条例に賛成な市民の比率を信頼度95％で誤差の幅を±5％で推定した場合について

① 有権者が10万人の場合，何人の有権者に調査したらよいか

② また有権者が100万人の都市の場合は，何人の有権者に調査したらよいか

③ また誤差の幅を±2.5％と精度を高めた場合の標本数は何人か

＊解答としては，この場合母比率（賛成市民の比率）が何％であるかわからないので，母比率を50％とおけば，P（1－P）の値が0.5×0.5＝0.25と最大になるので過小サンプルになることがなく安全である。

① 10万人都市・誤差の幅±5％の場合＝必要標本数　383人

58　第1部　マーケティングの基礎理論

② 100万人都市・誤差の幅±5％の場合＝必要標本数　384人

③ 10万人都市・誤差の幅±2.5％の場合＝必要標本数　1514人

　＊以上のことから，有権者10万人の都市と有権者100万人では，ほとんど差はない。それに対して精度を高めた場合は，標本数の2倍でもだめで，標本数は約4倍必要となっている。市場調査の実施する場合の標本数を決めるときには，この公式によってサンプル数を決めれば適正な母集団の代表の数と考えることができる。

## 第7節　データ分析と調査結果の報告

### 1　データ分析

　調査票が回収されたら，回収票の点検，データ入力，単純集計，クロス集計の流れにそって調査目的をイメージして統計解析の段取りを立てる。

　クロス集計にあたっては，表側カテゴリーの標本数は，25人以上，できれば50人以上必要である（酒井，2006：100-108）。

　また，分析にあたり，クロス集計してその結果を読み取る場合に陥りやすい場合があるので，大脇錠一の例を参考に解説する（大脇，2002：5-6）。

　陥りやすい事例として表2-3は「購入意図と広告接触」，表2-4は「購入意図と企業イメージ」，表2-5は「購入意図・企業イメージ・広告接触」を示したものである。

表2-3　購入意図と広告接触

| | 広告を見た | 広告を見ない | 計 |
|---|---|---|---|
| 購入したい | 63.3（95） | 35.7（75） | 47.2（170） |
| 購入したくない | 36.7（55） | 64.3（135） | 52.8（190） |
| 計 | 100（150） | 100（219） | 100（360） |

・表2-3から，商品を購入したいのは広告を見た人が多いといえるから，「広告効果」が読み取れる。

第2章　マーケティングリサーチ　　59

表2-4　購入意図と企業イメージ

|  | その会社が好き | その会社が嫌い | 計 |
|---|---|---|---|
| 購入したい | 83.1 (133) | 18.5 (37) | 47.2 (170) |
| 購入したくない | 16.9 (27) | 81.5 (163) | 52.8 (190) |
| 計 | 100 (160) | 100 (200) | 100 (360) |

・表2-4は，商品を購入したいのは，その会社が好きだから購入したのである。すなわち，「会社への好意度が高い人ほど購入してくれる」と読み取れる。

　しかし，表2-5のように三重のクロス集計をしてみると，「購入意図」は「広告接触」と関連性があるのではなく，「企業イメージ」と関連性があることがわかる。これは第3の変数（「企業イメージ」変数）を挿入することによって起こった。したがって，このような第3の変数をどのようにして発見するかがクロス集計のポイントとなり，分析する際に注意しなければならない。

表2-5　購入意図・企業イメージ・広告接触

|  | その企業が好き | | その企業が嫌い | | 計 |
|---|---|---|---|---|---|
|  | 広告を見た | 広告を見ない | 広告を見た | 広告を見ない |  |
| 購入したい | 85.0 (85) | 80.0 (48) | 20.0 (10) | 18.0 (27) | 47.2 (170) |
| 購入したくない | 15.0 (15) | 20.0 (12) | 80.0 (40) | 82.0 (123) | 52.8 (190) |
|  | 100 (100) | 100 (60) | 100 (50) | 100 (150) | 100 (360) |

## 2　調査結果の報告

　調査報告書を作成する際に留意すべき事項は，① 第三者にもわかりやすく理解できる言葉や表現を用いること，② 論理的に示すことである。調査報告書の内容は次のようなことを述べる（大谷ほか編，2001：186-187，酒井，2006：112-113）。

(1)　調査の目的：何のための調査か，調査で明らかにしたいことなど，問題意識にあたる部分と検証すべき仮説を述べる。

(2)　調査概要：どのような調査を実施したかについて述べる。具体的には調査の名称，調査主体名，母集団ないし対象集団，サンプリングの方法，調査票

*60* 第1部 マーケティングの基礎理論

の配布回収方法，調査時期，回収率，無効票の内訳などを記載する。

(3) 調査結果：ここでは仮説の検証を行う。

(4) 結論と今後の課題：データを統計処理した結果だけでなく，調査目的・課題を意識しながら結論を導く。そして，この調査では明らかにできなかったことや分析の結果新たに提示された仮説などを今後の課題として指摘する。

(5) 付属資料：調査票，単純集計結果，調査依頼状，調査スケジュール，調査チームの構成など

注 ─────────

1）調査目的によって，探索的調査，記述的調査，因果的調査に分けることができる。探索的調査とは，「アイデアと洞察の発見」を目的としている。基本的な機能は，課題を明確にして仮説を設定することであるが，課題についてより理解を深めることや，次に行う調査の優先順位や調査項目を決める機能ももっている。文献調査，定性的リサーチなどの手法がある。記述的調査とは，「市場の特性や機能」が記述される。すなわち，あるタイミングにおける市場のある側面を構造的に描き出す。手法にはサーベイリサーチ，パネル調査，観察法などがある。因果的調査とは，因果関係の証拠を得ることを目的とした検証的リサーチである。手法にはフィールド実験などがある。高田・上田ほか（2003：37-41），林・上笹ほか編（2000：16-17），Aaker & Day（1980＝2001：66）に依拠している。

2）辻・有馬（1999：144-183）に詳しく論述されている。

3）セマンティック・ディファレンシャル法：（SD法）ある概念に対する評価の程度を測定することを目的とする。SD法とは，意味が反対の形容詞の組を両端においたイメージを何組も用意し，それぞれの尺度で各対象者がある銘柄・企業に抱くイメージを測定する。各尺度ごとに対象者が与えた尺度値平均を計算して，それによってイメージ・プロフィールを描くことができる（後藤，1999：304）。日本経済新聞の「日経企業イメージ調査」は企業認知度，好感度，広告接触，一流接触，一流評価，株購入意向，就職意向，そして21のイメージ項目（林・上笹ほか編，2000：131）。

### 引用・参考文献

Aaker, D. A. & G. S. Day（1980）（石井淳蔵・野中郁次郎訳（2001）『マーケティングリサーチ』白桃書房）

Evans, J. R. & B. Berman（1995）*Principles of Marketing*, Prentice-Hall.

Kotler, P. & G. Armstrong（1990）*Marketion: An Introduction*, 2nd ed., Prentice-Hall.

Kotler, P. & G. Armstrong（1997）*Marketing: An Introduction*, 4th ed, Prentice-Hall.

Mellott, D. W.（1978）*Marketing: Principle & Practices*, Prentice-Hall.

Twedt, D. W. ed.（1983）*Survey of Marketing Research*, Chicago: Amerrican Marketing Association: 41.

愛知学泉大学経営研究所（2009）『経営研究』（第 23 巻第 1 号通巻 54 号，2009 年 12 月 22 日）

朝野熙彦・上田隆穂（2000）『マーケティング＆リサーチ通論』講談社

安藤明之（2009）『初めてでもできる社会調査・アンケート調査とデータ解析』日本評論社

石井栄造（2001）『マーケティングリサーチ』日本能率協会マネジメントセンター

出牛正芳（1970）『市場調査の実務要領』同文舘出版

岩井紀子・保田時男（2007）『調査データの分析の基礎』有斐閣

岩淵千明編（2000）『あなたもできるデータの処理と解析』福村出版

内田治（2007）『すぐわかる SPSS によるアンケートの調査・集計・解析』東京図書株式会社

大谷信介・木下栄治ほか編（2001）『社会調査へのアプローチ』ミネルヴァ書房

大脇錠一（2002）「『市場調査』―実施上の留意点」愛知県商業教育研究会後援資料（2002 年 3 月 26 日）

大脇錠一・城田吉孝・河邊匡一郎・玉木徹志編（2003）『新マーケティング情報論』ナカニシヤ出版

柏木重秋編（1987）『市場調査の理論と実践』白桃書房

桐田尚作（1972）『市場調査』同文舘出版

後藤秀夫（1999）『市場調査ケーススタディ』みき書房

近藤光男・島崎哲彦・大竹延幸編（2008）『課題解決型マーケティングリサーチ』生産性出版

酒井隆（2006）『図解アンケート調査と統計解析がわかる本』日本能率協会マネジメントセンター

酒井隆・酒井恵都子（2007）『図解インターネットリサーチがわかる本』日本能力協会マネジメントセンター

指方一郎（2008）『図解よくわかるこれからの市場調査』同文舘出版

田内幸一・村田昭治編（1986）『現代マーケティングの基礎理論』同文舘出版

高田博和・上田隆穂ほか（2003）『MBA マーケティング入門』東洋経済新報社

田中由多加（1971）『マーケティング総論』同文舘出版

辻新六・有馬昌宏（1999）『アンケート調査の方法』朝倉書店

西村林・三浦収編（1980）『現代マーケティング入門』中央経済社

宗次徳二（2010）『CoCo 一番屋　答えはすべてのお客様の声にあり』日経ビジネス文庫

62 第1部 マーケティングの基礎理論

林英夫・上笹恒ほか編（2000）『体系マーケティングリサーチ事典』同友館
宮澤永光・城田吉孝・江尻行男編（2009）『現代マーケティング―その基礎と展開』
　ナカニシヤ出版
森岡清志編（2005）『ガイドブック社会調査』日本評論社
和田充夫・恩蔵直人・三浦俊彦（2001）『マーケティング戦略』有斐閣

# 第2部
# マーケティングミックス

# 第3章　製品戦略

　本章は，マーケティング・ミックスのうち製品戦略について説明する。企業が成長していくためには，消費者ニーズを満たす製品を提供しつづける必要がある。しかし，ニーズを満たすことはそれほど簡単ではない。最初に，製品をどうとらえるべきなのかを考えよう。次に，製品を市場に導入する前の段階である新製品開発プロセスについて，導入後の戦略に示唆を与える製品ライフサイクルについて説明する。そして昨今，それまで製品のひとつの要素にすぎなかったブランドに焦点を当てたマーケティング活動が行なわれるようになってきた。後半では，ブランド戦略について説明する。

## 第1節　製品をどうとらえるべきか

### 1　製品は便益の束

　人はニーズを満たすために製品を購入する。製品戦略の基本は，よりニーズを満たすように設計すれば良いということになるが，それほど簡単ではない。製品をどうとらえるべきなのか。3つの簡単な事例から考えよう。

　良く知られた事例であるが，「4分の1インチのドリルが売れるのは，人々が4分の1インチのドリルを欲したからではなく，4分の1インチの穴を欲したからである」。人は物理的な製品を買うのではなく，製品がもたらすニーズを満たす便益を期待して買うのである。

　次に，化粧品を考えよう。化粧品メーカーであるレブロンの経営者であったチャールズ・レブソンはこういった。「工場においては化粧品をつくる。化粧品店においては希望を売る」。人は，化粧品という製品ではなく，美しさや魅

力がつくられるという希望を買うのである。ただ，ここで肝心なことは，美しさや魅力といった希望は，容器の中に入っている物質よりも，美しい容器やブランド名，さらには広告によって顧客の心に焼きつけられた思いから生じたものなのである。つまり，美しくなれる，魅力的になれるという期待は，パッケージやブランド名，広告によって大きくなり，確信させられるのである。

さらに，コンピューターを考えよう。人々がコンピューターに求める性能は，一般に処理速度や記憶容量と考えられるだろう。しかし，人々や企業はそれだけを求めて購入するのではない。たとえば，これまで成長してきたコンピューターメーカーのなかには，法人顧客に対して，情報システムの開発や，担当者の研修，アフターサービス，リース契約の提供などきめ細かいサービスの提供によって成長した企業もある。最近では，個人顧客に対して，顧客ごとに簡単にカスタマイズできることや，インターネットで購入できる利便性で成長した企業もある。購入の決め手となっているのは，コンピューターそのものというより，購買や使用に付随するサービスなのである。

以上の事例から，製品は，図3-1のように3つのレベルに分けてとらえるべきことがわかる。最も基本的なレベルが，消費者が購入する際に期待する中核

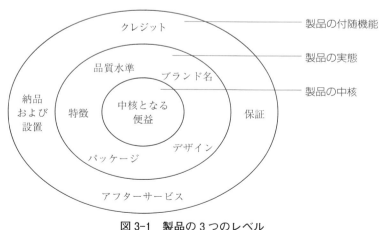

図3-1 製品の3つのレベル

出所）Kotler and Armstrong（1997＝1999：270）を筆者一部修正

的な便益である。次に，その中核的な便益をもとに，企業は製品の実態を作り上げなくてはならない。一般に5つの特性にまとめられる。特徴，品質水準，ブランド名，デザイン，パッケージである。最後に，消費者のニーズをより満足させるために，製品に付随する機能を作り上げなければならない。製品の納品や設置の支援，クレジットの提供，製品の保証，アフターサービスなどさまざまあり，他にも考えられるだろう。

　消費者は，自分のニーズを満足させる便益，あるいはいくつかの便益を考慮して製品を購入する。したがって，製品とは，目に見える実態部分だけではなく，便益の束として理解すべきなのである。

## 2　製品を構成する有形財とサービス活動

　前節では，消費者のニーズを満足させる便益によって製品をとらえることを強調した。すると，製品に付随するさまざまなサービス活動も製品に含めて考えるべきことがわかった。すなわち，有形の製品には，形のないサービス活動が含まれているのである。そのように考えていくと，逆に，サービス業が提供するサービスにも，有形なものが含まれていることがわかる。例えば，航空輸送サービスには，機内の座席や食事といった有形なものが含まれている。学校教育サービスにも教科書や図書館が含まれている。つまり，すべての製品・サービスは，有形財とサービス活動から構成されているのである。

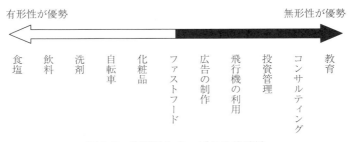

図 3-2　有形財とサービスの連続性

出所）Shostack（1977：77）を筆者一部修正

第3章　製品戦略　*67*

　図3-2は，すべての製品・サービスが，単純に有形財とサービスに分類されるのではなく，有形性が優勢なものと無形性が優勢なものといったように連続的に存在することを示している。そして，製品の機能や品質において差別化が難しい現代では，企業はサービス活動で差別化を行う傾向がある。

　ニーズを満たし，差別化するためには，便益の束という考え方が重要であり，有形な製品もサービスも同様にとらえることができるのである。とはいえ，やはり有形の製品とサービスとでは，マーケティング活動の特徴は異なる。製品を分類することは，製品の理解を深め，より良いマーケティング活動を考えるために重要である。次に製品の分類について説明する。

## 3　製品の分類

　本章では，サービスではなく，有形な製品を中心に説明を行っていく。したがって，ここでは有形な製品について分類し，その特徴と求められるマーケティング活動をごく簡単に説明する。製品は，大きくは消費財と生産財に分類される。消費財とは，最終消費者によって，個人ないし家庭用の使用・消費のために購入される製品である。生産財は，事業で使用・消費するために購入される製品である。ただし，同じ製品であっても，たとえばコンピューターや文具などは，個人が購入した場合は消費財，企業が購入した場合は生産財となる。製品の分類は，相対的なものである。

　消費財は，消費者の購買習慣に基づいて，さらに最寄品と買回品と専門品に分類される。最寄品は，購買頻度が高く，消費者が製品の探索など購買のための労力をそれほどかけない製品である。たとえば，食品やせっけんなどの日用雑貨品などである。したがって，企業は，消費者が必要とする時にすぐ購買できるように，多数の店舗に製品を置くことが望ましい。

　買回品は，購買頻度が低く，購買に労力をかけても良いと思う製品である。消費者は，品質，価格，デザインを比較して，複数の店舗を買い回ることをいとわない。例えば，衣料品，家具，家電製品などである。消費者が比較検討するために，販売店のサービスが重要となる。企業は販売店を支援することが望

ましい。

　専門品は，消費者が買物に出る前に，特定のブランドあるいは特定の小売店で販売される製品というように，購買が決められている製品である。他の製品では代替することができないため，購買にかなりの労力をかけることをいとわない製品である。いわゆる高級ブランド品や高級自動車などである。第5節以降で説明するブランド構築が，企業にとっては重要となる。

　消費財と比べた生産財の特徴は次のとおりである。まず購買対象者は少なく大規模である。また，組織で行われるため，専門的な購買となる。そのため，直接的な取引が行われ，交渉も時間がかかることが多く，製品面では付随機能がより重要性を増すことになる。

## 第2節　製品ミックス

### 1　製品ミックス，製品ライン

　多くの企業は，いくつもの製品を市場に提供している。それは，いくつかの中核的な便益にこたえるため，あるいはひとつの中核的な便益に対していくつかの製品バリエーションでこたえるためである。ここでは，企業が提供する製品全体をどう設計しているのか，その基本的な考え方を整理しておく。

| ライン名 | 洗剤 | 練り歯磨き粉 | 固形石鹸 | 使い捨ておむつ | 紙製品 |
|---|---|---|---|---|---|
| ブランド名 | アイボリースノー<br>ドレフト<br>タイド<br>チアー<br>ダッシュ<br>ボールド<br>ゲイン<br>エラ | グリーム<br>クレスト | アイボリー<br>キャメイ<br>ゼスト<br>セーフガード<br>オイル・オブ・オレイ | パンパース<br>ラブズ | ジャーミン<br>パプス<br>バウンティ |

製品ラインの広さ ／ 製品ラインの深さ

**図3-3　P&G社の製品ミックスと製品ライン**

出所）Kotler and Keller（2006＝2008：473）を筆者一部修正

第3章　製品戦略　*69*

　製品ミックスとは，企業が提供するすべての製品の集合である。製品ミックスは，さらに製品の機能，顧客，チャネル（流通経路）などからみて密接な関係のあるいくつかの製品の集合に分けることができる。それらを製品ラインという。製品ラインには，いくつかのブランドまたはアイテムが含まれる。

　図3-3は，P&G社の製品ミックスと製品ラインである。洗剤・練り歯磨き粉・固形石鹸・使い捨ておむつ・紙製品の5つの製品ラインからなる。洗剤のラインには，アイボリースノーなど8つのブランドが含まれ，練り歯磨き粉には，2つのブランドが含まれている。

## 2　製品ラインの広さ，深さ，整合性

　製品ミックスは，製品ラインの数と，製品ライン内のブランド数またはアイテム数によってとらえることができる。この製品ラインの数を，製品ラインの広さという。製品ライン内のブランド数またはアイテム数を，製品ラインの深さという。また，製品ライン間の関連性の強さを，製品ラインの整合性という。

　製品ラインの広い企業をフルライン企業という。フルライン企業を目指す企業や，高い成長性とシェアを求める企業は，広く深い製品ラインをもつ。広く深い製品ラインをもつメリットはいくつかある。ひとつは，さまざまな製品ラインと，さまざまなサイズ・色・仕様などが揃っているため，顧客のニーズに幅広くこたえることが可能となり，製品ミックス自体の魅力が増すことである。2つ目には，自社の製品ミックスだけで，販売店の品揃えを満足させることが可能となることである。販売店にもメリットがあり，販売店との取引を有利にする。3つ目には，生産における規模の経済性をもたらすことである。

　一方で，広く深い製品ラインは，自社製品同士が市場を奪い合うカニバリゼーションを起こすこともある。また，製品ラインが広くても，その整合性が低ければ，販売店の品揃えを逸脱する製品ラインもでてくる。いわゆる多角化企業の性格が強くなり，広く深いメリットが薄れることになる。

## 第3節　新製品開発

### 1　新製品開発の課題

　次節で述べるように製品にはライフサイクルがあり，既存製品だけでは，企業の売上はやがて減少していく。したがって，企業は成長を続けるためには，新製品を開発しなければいけない。しかし，製品開発には，コストがかかり，時間もかかる。そして失敗も伴う。ここでは，最初に新製品開発の概略と課題を述べ，次に新製品開発プロセス，そして新製品開発の管理と関係する2つの開発方法について説明する。

　まず，新製品開発の概略を述べる。図3-4は，標準的な新製品開発のプロセスであるが，1つの商品化を行うには，実際には多くのアイデアが必要である。多くのアイデアに対して，スクリーニング，さまざまなテスト，試作品の開発が行われ，アイデアが絞り込まれる。つまり，1つの商品化を行うのに，多数の商品候補のテストや試作品開発が行われており，それらのコストも商品開発のコストに含まれるのである。また，商品化までの期間は，単純な製品であれば数ヵ月で行われるが，自動車は最低でも2～3年，医薬品は10年以上といわれている。そして，商品化されても，必ずしも成功するとは限らない。新製品の成功率は，ある調査によると，販売額や利益での目標達成率から判断した場合，全体で約40％，食品メーカーで約30％であった（恩蔵，2004：99）。

　新製品開発は非常に難しい活動であり，課題は次のようなものである。新しいコンセプトや技術を生み出すためには創造性が必要となるが，一方で，大きな不確実性を削減するためには，創造性と相容れない場面が生じる。プロセスごとあるいは活動ごとにしっかりとした管理が必要となるのである。

図3-4　新製品開発プロセス
出所）Kotler and Keller（2006＝2008：798）を筆者一部修正

第3章　製品戦略　*71*

　なお，新製品といっても，市場にとっての新規性と，企業にとっての新規性
という2つの基準から分類でき，次の3つに分けることができる。ひとつは，
市場にとっても企業にとっても新しい製品である。もうひとつは，市場にとっ
ては新しくないが，企業にとっては新しい製品である。最後が，企業にとって
も新しくない製品であり，既存製品の改良品やバリエーションの追加品などで
ある。企業は，必ずしも市場にとっての新製品を開発しなければいけないわけ
ではない。状況によっては，他社製品の模倣戦略が望ましい場合もある。ただ
し，以下では，市場にとっての新製品を対象に説明を行う。

## 2　新製品開発プロセス

　プロセスの各段階の内容は，業種や企業によって異なるが，重要な点を中心
に簡単に説明する。

### (1)　アイデアの創出

　新製品開発は，新製品のアイデアを計画的に探索することから始まる。少し
の優れた製品案を出すために，企業は膨大な数のアイデアを創出しなければな
らない。アイデアの情報源は，社内の技術者や経営者，顧客，販売業者，供給
業者などさまざまである。アイデアを創出するメンバーの意欲と柔軟な思考を
引き出すように，仕事の進め方を工夫することも欠かせない。新製品を重視す
る企業として知られる3M社には，「15%ルール」があり，開発担当者は自分
の時間の15%を，日常業務から離れて自分の好きなプロジェクトに使うこと
ができる。

### (2)　アイデア・スクリーニング

　アイデア・スクリーニングは，良いアイデアを見つけて，自社にとって不適
切なアイデアを取り除くことである。製品開発のコストは，段階が進めば進む
ほど上昇するので，早期に取り除くことが望ましいためである。スクリーニン
グは，さまざまな評価基準によって行われるが，基準が厳しければ潜在性の高

72　第2部　マーケティングミックス

いアイデアが除かれ，基準が緩ければ貧弱なアイデアが採用されることになる。適切な評価基準を開発することが重要である。

### (3)　コンセプト開発およびテスト

　選ばれたアイデアを，製品コンセプトに発展させなければならない。製品コンセプトとは，消費者の立場に立ってその便益を詳しく説明したものである。さらに，コンセプトの開発とあわせて，ターゲットやポジショニングの検討も行うことで，製品をどのような便益として設計するかが明確になる。コンセプトのテストを，ターゲットとなる消費者に行い，さらにコンセプトを練り上げていくことになる。

### (4)　マーケティング戦略の立案と事業性の評価

　コンセプトが決定すれば，技術計画の作成が可能となる。製品の基本的な構造や仕様を実現するために必要となる技術やノウハウ・設備・原材料を見極め，社内で調達するのか，社外から調達するのか検討しなければいけない。技術計画から製品コストが決まる。

　一方で，マーケティング戦略として，製品の予定価格，プロモーションやチャネル（流通経路）の計画を策定し，売上・利益と市場シェアを検討する。事業としての魅力度を評価し，次の段階に進めるか判断する。

### (5)　試作品開発

　事業の魅力度が認められると，研究開発やエンジニアリング部門によって，試作品の開発が行われる。この段階では，製品コンセプトがどれだけ実現できたかといった製品の機能や安全性を確かめるための機能テストが繰り返し行われる。試作品を開発しテストするため，他の段階に比べ多くの時間とコストが必要となる。また，工場での生産が円滑に行うことができるかなど生産の準備も行われる。

## ⑹ テスト・マーケティング

　テスト・マーケティングは，特定の地域や販売店に限定して，製品とマーケティング戦略を事前に試すものである。テスト・マーケティングには，大きな費用がかかり，時間がかかり，また発売が競合他社に遅れることにもつながるため，すべての製品で行われるわけではない。革新的な製品，高いリスクの製品において行われるべきである。全国一斉発売して失敗すれば，より大きな損失となる。テスト・マーケティングによって，価格やプロモーション，チャネル（流通経路）などについての多くの情報を収集することができる。

## ⑺ 商品化

　商品化の際に決めることは，発売のタイミングと発売地域である。発売のタイミングは，市場における成功の機会が存在し，競争的に好ましい時期でないといけない。発売地域は，全国一斉に行わない場合は，魅力的な都市や地域を選んでひとつずつ参入していくことになる。いずれにしても，市場導入の状況をよく観察し，必要であればマーケティング戦略を迅速に調整していくことが望まれる。

## 3　新製品開発における2つの方法

　新製品開発プロセスは，ひとつひとつの段階を直線的に進んでいくわけではない。試行錯誤を繰り返しながら，段階を行きつ戻りつしながら，問題を解決していくプロセスである。どのように段階を進めていくのか，新製品開発の管理と関係する2つの方法について説明する。

　ひとつは，それぞれの段階を担う各部門が個別に働き，開発プロセスのひとつの段階を完了してから，次の部門に引き渡していく開発方法で，シーケンシャル（逐次的）なプロセスという。これに対して，新製品をより早く市場に出すために，各段階の各部門の担当業務をできるだけ並行して進める開発方法を，コンカレント（併行的）なプロセスという。

　コンカレントなプロセスを採用する企業が多くなってきたが，そのメリット

は次のようなものである。ひとつには，たとえば設計の初期段階から技術や生産部門との情報交換が始まるので，設計変更が必要となる問題が早い段階で顕在化し，問題解決を前倒しにすることができる。つまり製品開発期間が短くなる。2つには，生産のしやすさを考慮した設計などが採用されやすくなり，品質管理やコスト削減につながる。

一方で，コンカレントなプロセスには課題もある。組織内の緊張や混乱が高まり，コストが高く，よりリスクが大きくなることもある。部門間の情報交換を活発にそして円滑に行うために，組織構造の見直しや担当者のコミュニケーション・スキルの向上などが必要となる。しかし，開発期間の短縮だけでなく，異なった部門の情報共有化によって活発な情報創造活動を可能にし，機能や品質の改善にもつながっていく。

## 第4節　製品ライフサイクル

### 1　製品ライフサイクルとは

市場に導入された製品は，永遠に売れ続けるわけではない。製品の売上は，徐々に増加するが，その伸びはやがてとまり，そして減少する。その理由は，技術進歩による代替製品の普及や消費者ニーズの変化などさまざまあるが，つまり製品にも寿命があるのである。製品ライフサイクルの長さは，製品によっ

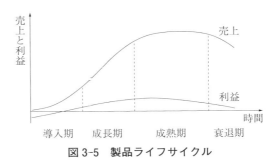

図 3-5　製品ライフサイクル

出所）Kotler and Keller（2006＝2008：403）

て異なるが，その形状は図3-5のように，一般にＳ字型を描き，導入期・成長期・成熟期・衰退期の４つの段階に分けることができる。

　製品ライフサイクルは，各段階の顧客や競争の状況を考えることにより，段階に応じた基本的なマーケティング戦略を示唆してくれる。以下では，４つの段階それぞれについて説明する。その後に付した表3-1は４つの段階をまとめた概要である。なお，マーケティング・ミックスの要素である価格，プロモーション，チャネル（流通経路）は第４・５・６章で学ぶ内容であるが，これらの要素を含めて説明する。

　また，製品ライフサイクルの概念は，製品の集合水準に応じて，産業，製品カテゴリー，ブランドの水準に適用できる。たとえば，産業とは自動車全体であり，製品カテゴリーとはセダンタイプやワゴンタイプ，ブランドとはプリウス（トヨタ）やフィット（ホンダ）を指す。とはいえ，従来は，産業や製品カテゴリーの水準で分析されてきた。ここでも，その水準で説明を行う。

## 2　製品ライフサイクル別のマーケティング

### (1)　導入期のマーケティング

　新製品は，市場に導入されても，消費者に受け入れられ成長するまでには時間がかかる。導入期の顧客は，イノベーションの普及理論[1]でいう革新者である。革新者は，新しいもの好きであるが，それに続く初期採用者は，製品の選択に慎重であるためである。

　この段階のマーケティングの目的は，消費者に製品を試用させ，市場の拡大を図ることである。売上の割に，チャネル（流通経路）やプロモーションに費用がかかるため，利益はマイナスになるか低水準である。したがって，競合他社の参入も少ない。

　マーケティング・ミックスの要素ごとにみよう。製品は，市場に導入されたばかりであり，製品バリエーションをつくるには至らず，基本的なタイプが中心となる。価格は，一気に市場の拡大とシェア拡大を狙う場合には低価格戦略がとられるが，基本的にはコストプラス方式による価格設定となる。

チャネル（流通経路）は，多くの販売店に扱ってもらうことが難しいことも
あり，この製品の販売意欲が高い販売店に絞る選択的チャネルとなる。また，
販売店の関心をひき，製品を扱ってもらうには，販売店に対する多くのサービ
スと多額の費用がかかる。

プロモーションは，広告と販売促進に分けてみよう。広告は，製品の認知を
向上させることが目的となる。販売促進は，試し買いを誘うことが目的となる。
この時期は，市場を拡大させるために，消費者に対する製品の丁寧な説明が求
められる。

## (2) 成長期のマーケティング

成長期は，急速に売上が増加するのが特徴である。この段階の顧客は，初期
採用者であるが，彼らは革新者の製品使用経験を観察して，購買を決める。初
期採用者はオピニオンリーダーであることが多く，周囲の人々に情報を伝え，
その結果，前期追随者が増大し，市場が急速に成長し始める。

この段階のマーケティングの目的は，市場シェアの拡大である。売上が急速
に拡大するため，コストも増えるが，平均コストは減少し，利益が増加する。
そのため，利益機会にひかれて新たな競合他社が市場参入してくる。

マーケティング・ミックスの要素ごとにみよう。製品は，基本的な製品タイ
プに加え，新しい製品バリエーションが追加される。価格は，販売量の増加に
伴い生産コストが低下するため，引き下げることが可能になる。そして需要を
拡大するために値下げされる。

チャネル（流通経路）は，市場の拡大に応じて，新しい販売店が開拓される。
多くの販売店で扱われる開放的チャネルとなる。広告は，製品を認知させるも
のから，自社ブランドを認知させ，選好させるためのものになる。成長期は市
場が拡大しているため，製品の改良やチャネル（流通経路）の開拓，広告など
のプロモーション実施に多額の支出が必要となる。しかし，ここで市場シェア
が拡大できれば，成熟期で大きな利益が期待できる。

## (3) 成熟期のマーケティング

　ある時点で，売上増加率は低下し，製品ライフサイクルは成熟期に入る。新規の購買者が少なくなり，継続的な購買者が多くを占めるようになるためである。成熟期は，通常，導入期や成長期よりも長く続き，マネジメントは難しくなる。売上増加率が低下すると，多くのメーカーが製品在庫を大量に抱えやすくなり，この過剰生産状態が競争激化を招くために，全体としては利益が減少していくためである。一般に，大多数の製品がライフサイクルの成熟期にある。

　この段階のマーケティングの目的は，売上が伸び悩むなかで，まずは市場シェアを守ることである。そして，成長期には生産設備などへの投資がかさむため多くの利益が求められなかったが，成熟期には利益の確保も目標のひとつになる。

　企業は，売上を維持するために，これまで以上に製品の修正や市場の修正を行う。製品の修正とは，たとえば，自動車や家電メーカーのモデルチェンジがあげられる。買い替え需要を促すために行われる。市場の修正とは，たとえば，食品メーカーによる調味料の用途拡大の提案があげられる。既存製品の使用量を異なる用途によって増やすためである。また，国内メーカーの海外展開は，新しい市場を開拓する端的な例である。

　マーケティング・ミックスの要素ごとにみよう。価格は，競合他社の顧客や新たな顧客を引きつけるために，これまで以上に値下げが行われる。あるいはさまざまな割引が行われる。成熟期は，売上と顧客が限られる中，激しい競争が行われる。そのため，広告よりは，販売促進が重視されやすい。販売促進は，ブランド・スイッチを促進するために，より攻撃的なものとなる。広告は，よりブランド選好が強調されるだろう。

## (4) 衰退期のマーケティング

　ほとんどの製品の売上はやがて減少する。売上が衰退する理由は，技術の進歩による代替製品の普及，消費者の嗜好の変化，競争の激化などさまざまである。売上が減少するにしたがって，利益も減少し，市場から撤退する企業も出

78 第2部 マーケティングミックス

**表3-1 製品ライフサイクルの特徴，マーケティングの目的および戦略の概要**

| | 導入期 | 成長期 | 成熟期 | 衰退期 |
|---|---|---|---|---|
| 特　徴 | | | | |
| 　売上高 | 低水準 | 急速に増加 | 高水準 | 減少 |
| 　顧客 | 革新者 | 初期採用者 | 追随者と<br>継続購買者 | 遅滞者と<br>継続購買者 |
| 　競合他社 | ほとんどなし | 参入増加 | 多数安定 | 撤退増加 |
| 　コスト：顧客1人当たり | 高コスト | 中コスト | 低コスト | 低コスト |
| 　利益 | マイナスから低水準 | 増加し高水準 | 高水準から減少 | 減少 |
| マーケティングの目的 | 製品の試用と市場の拡大 | 市場シェアの拡大 | 市場シェアを守りながら利益最大化 | 支出の削減と，利益の回収 |
| マーケティング戦略 | | | | |
| 　製品 | 基本的タイプの提供 | 製品バリエーションの追加 | モデルチェンジや，用途の拡大 | 弱いアイテムの削減 |
| 　価格 | コストプラス方式による価格設定 | 販売量増加のための値下げ | 供給過剰，競争激化による値下げ | 値下げ |
| 　チャネル（流通経路） | 選択的チャネル | 開放的チャネル | 開放的チャネル | 選択的チャネル。弱い販売店の削減 |
| 　プロモーション<br>　　：広告 | 製品認知の向上 | 製品認知とブランド選好の獲得 | ブランド選好の獲得 | 顧客維持に必要な最低レベルに縮小 |
| 　プロモーション<br>　　：販売促進 | 製品試用の促進 | | ブランド・スイッチの促進 | 最小限に縮小 |

出所）Kotler and Keller（2006 = 2008：416）を筆者一部修正

てくる。

　この段階のマーケティングの目的は，支出の削減と，少しでも利益を回収することである。そのために，企業は衰退期の製品の取扱いにもっと注意を払う必要がある。なぜなら，衰退期に位置する製品は，利益への貢献が少ないばかりではなく，ほかにも隠れたコストを生じさせているためである。価格調整や在庫調整が頻繁に必要となるなどマネジメントに手間がかかりすぎ，有力製品に向けられる販売努力が吸い取られてしまう。また，代替製品の導入が遅れ，アンバランスな製品ミックスを生み出し，将来の基盤を弱めることになる。

第3章　製品戦略　*79*

　まずは，衰退期にある製品を見極め，製品を維持するか，撤退するかを決定しなくてはならない。製品を維持する場合，成長期に戻ることを期待して，市場の修正，製品の修正を行う。あるいは，少しでも利益を回収するために，製品数を削減し，販売店を削減し，プロモーションを最小限に縮小して，支出を削減する。特に，競合他社が業界から撤退すれば，競争が緩くなり，それなりの利益が得られることもある。製品を撤退させる場合，その製品を別の企業に売却するか，市場から販売を打ち切るかになる。

## 3　製品ライフサイクルの課題

　製品ライフサイクルはマーケティング戦略にさまざまな示唆を与えてくれるが，課題もある。製品ライフサイクルをうまく活用するために，その課題に触れておく。実は，どの段階に位置するのかという根本的な判断が難しいのである。理由のひとつは，それぞれの産業，製品カテゴリー，ブランドによって，ライフサイクルの形状が異なるためである。

　しかし，そもそも，製品ライフサイクルとマーケティング戦略の因果関係が明確ではないという問題もある。製品ライフサイクルに応じて，マーケティング戦略を変更することが示唆されているが，マーケティング戦略によって，製品ライフサイクルも変わるのである。衰退期だと思って投資をやめてしまうと，衰退期ではなかったのに，本当に衰退していく可能性がある。適切なマーケティングを行えば，成長できたのに，不適切なマーケティングによって，製品の寿命が短くなるのである。したがって，主たる顧客，競合他社の状況，また技術動向などの環境をよくみて，製品ライフサイクルを判断し，マーケティング戦略を適切に立案しないといけない。

## 第5節　ブランドの価値とその源泉

## 1　ブランドの新たな価値

　前節までの説明において，ブランドは図3-1にも書いたように製品実態のひ

とつであり，売り手の製品を競合他社の製品から識別する名前・ロゴ等にすぎなかった。

　しかし，1980 年代の終わり頃，アメリカでは，ブランドに対する関心が急に高まり，ブランドを価値ある資産ととらえるブランド・エクイティ論が登場した。そのきっかけは，企業の M&A（企業買収と合併）ブームであった。たとえば，ネスレ社，フィリップモリス社などは，他社を買収する際，工場・土地・現金などの有形資産の 5 〜 10 倍以上の価格をつけた。それはブランドから引き出される割増の利益のためであった。それまで，ブランドは，マーケティング・ミックスにおける製品の 1 つの要素にすぎなかったが，それ以降，ブランドに焦点を当てた，あるいはブランドを起点にしたマーケティングが行われるようになった。本節以降では，なぜブランドが価値をもたらすのか，どうすればそのようなブランドが構築できるのかについて説明する。まず最初に，ブランドが価値をもたらす理由を，事例によって簡単に考えてみよう。

　1985 年，アメリカのコカ・コーラ社は，コカ・コーラの販売を停止し，ニューコークという新しいブランドを発売した。理由は，コカ・コーラはアメリカで最も古くから最もよく飲まれていたコーラ飲料であったが，市場でペプシによる猛追を受けていたためである。ニューコークを発売するに当たり，当然，消費者調査が行われた。19 万人という多くの消費者に対してブランドを隠した味覚テストが行われ，その結果は，オリジナルのコカ・コーラやペプシより新製品を選択するというものであった。しかし，オリジナルのコカ・コーラの販売停止が発表されたとたん，多くの消費者はオリジナルがもはや手に入らないことを怒り，非難の行動を起こした。ニューコークの売上も伸び悩み，結局，オリジナルのコカ・コーラをコカ・コーラ・クラシックとして復活させなければならなくなった。

　コカ・コーラ社は，多くの人々がコカ・コーラに抱いていた愛着の感情を測ることができなかったのである。消費者のこころの中にある思いが，味覚テストとは異なる行動を消費者に起こさせ，コカ・コーラ社の決定を変更させたのである。

　つまり，ブランドが価値をもつのは，以下のようなメカニズムによる。消費

図3-6 ブランド構築活動, ブランド知識, 企業におけるブランド効果

者の頭の中にあるブランドについてのさまざまな思いや情報などをブランド知識というが, 長年にわたるマーケティング活動の結果, 消費者にブランド知識が形成される。そのブランド知識がマーケティング活動に対する消費者の反応に影響を与え, 企業に影響を与えるためである。

ブランド知識は, 一朝一夕には形成されないが, 一度形成されれば, 消費者の頭の中にあるだけに, 他社から模倣されにくい。企業にとって望ましいブランド知識が形成できれば, マーケティング活動に対する消費者の望ましい反応が期待でき, 企業にはさまざまな効果がもたらされるだろう。持続的な競争優位につながるのである。ブランドが注目されるようになった理由は, 製品の機能や品質における差別化が難しい製品コモディティ化の時代であることも大きい。

以下で説明する論理的な内容は図3-6のとおりである。企業のブランド構築活動が, 消費者におけるブランド知識を形成する。望ましいブランド知識は, マーケティング活動に対する消費者の反応に影響を与え, 企業にさまざまな効果をもたらす。ただ, 説明の流れとして, まずブランド知識を説明する。ブランド知識の構造や内容が理解できなければ, なぜブランド効果が生じるのか, どのようなブランド構築活動が望ましいのか, 理解できないためである。

## 2 ブランド知識

ブランド知識が消費者の頭のなかにどのように存在し, 購買や消費にどのように影響するのかを説明する。ブランド知識は, ブランドをどれだけ認識しているかというブランド認知と, ブランドにどのような情報が結びついているか

82　第2部　マーケティングミックス

というブランド連想の2つの要素から構成されている。

## (1)　ブランド認知

　ブランド認知は，ブランドをどれだけ認識しているのかという程度である。聞いたことがあるという程度から，その製品カテゴリーで最も強く認識しているという程度まである。ブランド認知は，ブランド再認とブランド再生の2つの次元によって測定できる。

　ブランド再認とは，ブランドやロゴなどを手がかりに与えられた時に，消費者がそのブランドをすでに知っていると確認できるかどうかである。ブランド再生とは，製品カテゴリーなどを手がかりに与えられた時に，消費者が当該ブランドを思い出すかどうかである。思い出さなければならないブランド再生の方が，ブランド再認より，認知の水準は高い。そして，再生できるブランド数は，再認できるブランド数よりも少ない。

　ブランド認知は，次の理由から，消費者の購買の意思決定に影響を与える。まずひとつに，消費者は，認知しなければ購買しようという意思決定は起こらない。また，ブランド連想も起こらない。ブランド認知は，購買と連想の前提条件である。2つ目には，低関与製品の場合，消費者は単に認知しているというだけで，購買の決定が促進されるためである。低関与製品とは，消費者が積極的に情報収集や比較検討を行わない製品である。ブランド認知が高ければ，それだけでブランドへの好意につながるのである。

　3つ目には，ブランド認知が高ければ，そのブランドは購入の際に検討の対象となる考慮集合に含まれる可能性が高くなる。考慮集合とは，消費者は購買を決定する場合，すべての選択できるブランドを比較検討するのではなく，ブランドを絞り込むが，その絞り込まれたブランドの集合をいう。たとえば，購買が店舗のなかで行われる場合には，ブランド再認されないものよりもブランド再認されるものの方が考慮集合に含まれる確率が高まるだろう。再認は，再生より認知の程度は低いが，再認のレベルだけであっても購買への影響があるのである。

**図 3-7 ブランド連想**

出典) Aaker (1991＝1994：154) を筆者一部修正

(2) ブランド連想

　ブランド連想とは，消費者の頭の中でブランドに結びついているすべての情報のことである。ブランドの提示によって思い出されるイメージや感情も含めたすべての情報である。情報は，製品に関連したものばかりではなく，製品と関連のないものもある。

　アップル・コンピューターを例にとってみよう。アップル・コンピューターと聞いて何を思い浮かべるだろうか。製品の「Mac」や「iPhone」，製品の特徴としては「グラフィックスが優れている」，「使いやすさ」，「楽しさ」などだろう。また使用者や使用場面としては「デザイナー」，「クリエイティブな仕事」かもしれない。全社的なイメージとして「革新的」という言葉があがるかもしれない。図3-7は，ブランド連想の類型である。アップル・コンピューターもそうであるが，強いブランドは，多数の豊かなブランド連想の構築に成功している。

　ブランド連想は，次の理由から，消費者の購買や所有，そして使用に影響を与え，購入意思決定やブランド・ロイヤルティの基盤となる。理由の1つ目として，情報処理や検索の支援がある。連想があれば，製品に関わる多くの事実や細かい内容のすべての情報を処理しなくても，解釈が容易になり，判断が可能となる。つまりブランドの検索を容易にもする。人々がSonyやPanasonic

*84*　第2部　マーケティングミックス

を安心して購買するのはこの理由であろう。

　2つ目には，肯定的態度や感情の創造がある。連想が好まれていれば，ブランドに転嫁されて，肯定的な感情を創造し，さらには購入の理由につながる。たとえば，広告や景品に既存のキャラクターが用いられるのは，この理由である。

　3つ目には，自己表現の媒体化がある。ブランドが連想させる価値観や社会的ステータスが，多くの人に共有されている場合，ブランドの所有が，自己表現につながり，他人に対するコミュニケーションにもなる。人々がいわゆる高級ブランドをもつのは，このためである。


## 3　ブランドの効果

　ブランド知識がもたらす企業への効果はさまざまにある。もちろん，すべての効果を享受できるわけではないが，代表的なものとして次の6つをあげておく。また，それらはお互いに関連している。

　ひとつ目には，ロイヤルティ効果がある。ブランド・ロイヤルティとは，顧客がブランドに対して一貫してもつ好ましい態度であり，継続的に購買する傾向でもある。ブランド連想は，消費者に購入の理由を与え，満足に影響を与えるため，ロイヤルティを高める。また相対的に，他社ブランドの情報処理コストを上昇させるので，他社製品を試す誘因を小さくするだろう。そのことも継続的な購買を促すことにつながる。

　2つ目には，価格プレミアム効果がある。価格プレミアムとは，機能的に同等な他社の製品よりも，高価格で自社の製品を販売できる効果である。これもブランド連想によって可能となる。また，ロイヤルティの高い消費者が多ければ，価格下落への要求は少なくなるだろうし，価格上昇に対しては非弾力的な反応となるだろう。一方で，ブランド知識の低い製品は，価格によるプロモーションへの依存が大きくなる。

　3つ目には，コミュニケーション活動における効果の向上がある。すでに認知と連想を得たブランドは，新たなコミュニケーション活動の効果を高めやすい。既存の連想を手がかりにして，新たなメッセージへの注意を高め，理解を

容易にさせ，好ましい態度や感情を形成しやすいだろう。

4つ目には，流通業者からの大きな協力と支援がある。多くの消費者にとって高い認知と連想を得たブランドは，流通業者にとっても扱わざるをえないブランドである。流通業者に対する交渉力を高め，流通業者からの大きな協力と支援が得やすいだろう。

5つ目には，ブランド拡張機会の増加がある。ブランド拡張とは，企業が新たな新製品を導入する場合，確立されたブランド名を使用することである。既存のブランドを利用することによって，認知を高め，連想を喚起させ，さらに流通業者の支援も得やすくなる。新製品導入のリスクを低めることができるのである。

6つ目には，ライセンス供与機会の可能性がある。強いブランド力は，他社にとっても魅力的な場合がある。ブランドの使用を他社に許可し，その対価としてブランド使用料を得ることができる。

## 第6節　ブランド構築活動

### 1　ブランド構築活動

ブランド構築活動を4つの活動に分けて説明する。最初に，企業が考えるブランド連想の理想像であるブランド・アイデンティティの設定である。強いブランド連想を形成するためには，明確なブランド・アイデンティティが必要であり，それはブランド構築活動の指針となる。次に，ブランド・アイデンティティに基づいて，ブランド知識を形成するマーケティング活動についてである。この2つの活動は，個別ブランドの構築活動である。3つ目は，ブランド名やロゴなどのブランド要素の選択である。ブランド名などは，ブランド・アイデンティティと関連するが，独自の選択基準もある。選択基準と各ブランド要素の特徴を述べる。最後に，全社的なブランドの構成や配置であるブランド体系（ブランド・ポートフォリオ）の構築である。後の2つの活動は，個別ブランド構築の準備あるいは前提作業ともいえる活動である。

*86*　第2部　マーケティングミックス

　ブランド構築活動は，消費者の頭のなかの知識を形成する活動であり，企業の意図どおりにはなかなか進まない。また，4つの活動は相互に影響を与えあっているため，ひとつのプロセスとして順番に行われているわけではない。企業は，試行錯誤しながら取り組んでいるといえる。

## 2　ブランド・アイデンティティの設定

　ブランド・アイデンティティとは，企業が望ましいと考えるブランド連想のユニークな集合である。企業の意図としてブランドをどのように知覚されたいかという理想像でもあり，ブランド構築活動の指針となる。

　ブランド・アイデンティティは，望ましい連想の集合であるが，その中心的な概念は，連想から生み出される価値提案とブランド・ポジションである。これは，企業が顧客に与える約束であるともいえる。

　価値提案とは，機能的便益，情緒的便益，自己表現的便益を消費者に働きかけることであり，顧客との関係を確立することを期待して行われる。機能的便益とは，製品属性に基づく機能面における便益である。情緒的便益とは，ブランドの所有や使用が顧客に肯定的な感情を与えることであり，自己表現的便益は，顧客が自分自身を表現する媒体の役割をブランドが果たすことである。自己表現的便益は，何も高級ブランドに限らない。ナイキは，有名運動選手の広告や，「ジャスト・ドゥ・イット（JUST DO IT）」キャンペーンによって，「夢を追い求める」という自己表現的便益を得たように思われる。

　機能的便益は，最もわかりやすいが，他社から模倣されやすいともいえる。また，その背景には合理的な消費者が想定されているが，現実には，合理的でない理由によって購買を決定する消費者も多い。そして，機能に基づく限り，その便益を新製品に移転させるブランド拡張は妨げられる。それに比べると，情緒的便益と自己表現的便益は，他社から模倣されにくく，ブランド拡張の可能性も高く，持続的な競争優位性につながりやすい。

　ブランド・ポジションとは，ブランド・アイデンティティおよび価値提案の一部であり，競合ブランドに対する優位性を示すものである。ブランド連想の

中には，製品カテゴリーにふさわしく信頼性につながる連想と，競合他社との差別化につながる連想がある。差別的優位性につながる連想を，より積極的にコミュニケーションするべきであり，それがブランド・ポジションである。

　明確なブランド・アイデンティティが設定できれば，2つのメリットが生じる。1つには，次に述べるマーケティング活動の明確な指針となる。なお，ブランド・アイデンティティは，環境変化や時代に合わせて進化させる必要はあるが，長期にわたり持続できるブランド・アイデンティティが望ましい。継続的に一貫したマーケティング活動とメッセージの提供が可能となるためである。2つ目には，組織内部の各部門にも伝わりやすいので，組織全体で一貫したマーケティング活動が可能になる。従業員それぞれに自らの仕事において何が重要かを理解でき，動機付けられるのである。

## 3　マーケティング活動の実行

　ブランド知識形成のためには，ブランド・アイデンティティに基づいたマーケティング活動の実行が必要である。コミュニケーション活動だけではなく，製品戦略も影響を与える。

　コミュニケーション活動においては，既存のメディアのみならず，顧客接点を含めた統合的なコミュニケーション活動が重要である。顧客接点とは，消費者がブランドに接触するすべての機会であり，企業が意図したプロモーションなどによる接点だけでなく，管理が難しい製品の消費場面なども含まれる。

　メディアの選択については，認知や連想強化といった目的に応じて，最適なメディアのミックスが重要である。広告だけではなく，パブリシティ，販売促進，ダイレクト・マーケティング，インターネット，旗艦店，スポンサー活動，イベント活動，パッケージ，景品などがある。メディア間でのメッセージの一貫性や補完性を継続的に保持していくことが，シナジー効果を生み出し，またブランド知識形成に貢献する。

　製品やサービスは，ブランド・アイデンティティに実体を与える。製品やサービスの消費経験が，最も強い連想を形成するためである。製品については，

継続的な改良が重要である。また後に述べるようにブランド体系（ブランド・ポートフォリオ）を構築し，新製品の投入によるブランド連想の強化も考えられる。またサービスの場合，顧客と接触する従業員のレベル向上が鍵となる。そのために，従業員に対する教育の実施や顧客データベースの構築が必要となる。

　さらに，購買後に行われるアフター・マーケティングも重要である。わかりやすいマニュアルやフリーダイヤル，修理サービス，情報やインセンティブを継続的に提供するロイヤルティ・プログラム，会員組織などである。他社が行っていなければ，顧客との共鳴をもたらす差別化された連想につながる可能性がある。顧客との強い関係構築が期待できる。

　以上のような一連のマーケティング活動は，ブランド認知や連想の測定によって，評価されなければならない。そして，必要に応じて修正されるべきである。


## 4　ブランド要素の選択

　ブランド要素とは，製品を他社製品から識別するための手段であり，ブランド名，ロゴ，シンボル，キャラクター，スローガン，ジングル，パッケージなどがある。

　ブランド構築のために，ブランド要素は，人間の視覚，聴覚，触覚に働きかけ，また言語的な意味をとおして，ブランド認知の向上や連想の形成に寄与するように選択される。選択基準として次の5つがある。ひとつは，目にとまりやすく覚えやすいかといった記憶可能性である。2つには，望ましいブランド連想の形成につながるかといった意味性である。3つには，ブランド拡張やグローバルに展開する場合に，製品カテゴリーや地理的境界を超えて使用できるかといった移転可能性である。4つには，時間の経過とともに消費者の価値観にあわせて修正・変更できるかといった適合可能性である。5つには，法律上および競争上の観点から，他社の模倣を防ぐことができるかといった防御可能性である。

　ブランド要素のそれぞれには，次に述べるような特徴があるが，適切な組合せによって，相乗効果を生じさせ，認知と連想を高めることが重要である。ブ

ランド名は，ブランド要素の中でも中心的存在であり，多くの場合，ブランド認知や連想は，名前を手がかりにして行われる。名前には意味をもつ言葉としての言語的側面，ロゴと一体となった視覚的側面，発音された場合の聴覚的側面があり，ブランドの価値や意味の伝達を容易にする。良いブランド名の条件として，短くて簡単，構造が単純，韻を踏んでいることなどがあげられる。

　ロゴとは，独自の書体で書かれた企業名やブランド名である。シンボルとは，非言語的な図案や記号である。普通の活字で書かれたブランド名よりも，視覚に働きかけ，識別性が高い。キャラクターとは，架空あるいは実在の人物や動物などを題材としたシンボルマークである。単なるマークとは異なり，ブランドに個性をもたせることを可能にし，愛着の形成にもつながる。

　スローガンとは，ブランドのコンセプトや特徴を伝達する短いフレーズである。スローガンに名前を組み込んだり，ロゴと一緒に提示することによって，ブランド認知を高めることができる。また，広告キャンペーンと結びつくことが多く，繰り返し伝えられるので，価値や意味を伝える重要かつ有効な手段である。

　ジングルとは，ブランドに関する音楽によるメッセージであり，コマーシャルなどに用いられる音楽である。消費者はジングルを聞いたのち復唱するなど記憶に刷り込まれやすいことが特徴である。パッケージは，本来の目的は製品の保護や保管，使用面での容易性の提供である。しかし，その形状，素材などを工夫することによって，視覚のみならず触覚にも働きかけ，ブランド連想，情緒的な価値にも影響を与える。

## 5　ブランド体系（ブランド・ポートフォリオ）の構築

　ブランド体系とは，全社レベルでのブランドの構成や配置である。ブランド体系は，ブランド・ポートフォリオともいわれる。ブランドには，企業ブランド，製品ブランド，その中間のファミリーブランドといった階層がある。ブランド間の相互作用を踏まえて効率的なマーケティング活動を行っていくために，ブランドの階層やそれぞれのブランドの範囲を設定する必要がある。

90　第2部　マーケティングミックス

　日本の企業は，よく企業ブランドを冠する3層のブランド体系が多いといわれるが，企業によって異なる。飲料メーカーであるサントリー社とコカ・コーラ社を比べてみよう。代表的な缶コーヒーをみると，サントリー社は，サントリー・ボス・レインボーマウンテンブレンドであるのに対し，コカ・コーラ社は，企業ブランドは冠せず，ジョージア・エメラルドマウンテンブレンドである。他の飲料でもおおむねその傾向がみられる。サントリー社は，企業ブランドを冠して「水とともに生きるSUNTORY」というコーポレート・メッセージを強調しているように思われる。

　企業ブランドを利用するのは，自社製品に共通する連想や信頼感を喚起するためである。一方で，企業ブランドを使わずにファミリーブランドや個別ブランドを重視するのは，個々のブランドの連想を強調するためである。

　ファミリーブランドにおける範囲設定の問題であるブランド拡張について説明する。ブランド拡張は，同じ製品カテゴリー内の拡張であるライン拡張と，製品カテゴリーをまたいだカテゴリー拡張に分かれる。ブランド拡張のメリットは，新製品の導入を容易にすることと，新製品を通じてブランド連想をより一層強くすることである。

　デメリットは，新製品とこれまでの製品との関連性が弱ければ，ブランド連想を弱めることになる。カテゴリー拡張の場合にはより注意が必要である。またライン拡張の場合には，新製品の売上が順調であっても，自社製品同士で売上を奪い合っているカニバリゼーションが起きている可能性もあり，注意が必要である。

注 ────────
1）市場における新しい製品などのイノベーションが，市場全体に普及していく過程をモデル化した理論。消費者を次の5つのグループに分類し，相互に影響を受けてイノベーションが普及すると説明した。グループは，革新者（市場全体の2.5%），初期採用者（13.5%），前期追随者（34%），後期追随者（34%），遅滞者（16%）である。

## 参考文献

Aaker, D. A.（1991）*Managing brand equity*, The Free Press.（陶山計介・中田善啓・尾崎久仁博・小林哲訳（1994）『ブランド・エクイティ戦略』ダイヤモンド社）

―――（1996）*Building strong brands*, The Free Press.（陶山計介・小林哲・梅本春夫・石垣智徳訳（1997）『ブランド優位の戦略』ダイヤモンド社）

Aaker, D. A. & E. A. Joachimsthaler（2000）*Brand Leadership*, The Free Press.（阿久津聡訳（2000）『ブランド・リーダーシップ』ダイヤモンド社）

Keller, K. L.（1998）*Strategic brand management*, Prentice-Hall.（恩蔵直人・亀井昭宏訳（2000）『戦略的ブランド・マネジメント』東急エージェンシー）

―――（2008）*Strategic brand management*, 3rd ed., Prentice-Hall.（恩蔵直人監訳（2010）『戦略的ブランド・マネジメント』東急エージェンシー）

Kotler, P. & G. Armstrong（1997）*Marketing An Introduction*, 4th ed., Prentice-Hall.（恩蔵直人監修（1999）『コトラーのマーケティング入門』ピアソン・エデュケーション）

Kotler, P. & K. L. Keller（2006）*Philip Kotler Kevin Lane Keller Marketing Management*, 12th ed., Prentice-Hall.（恩蔵直人監修（2008）『コトラー＆ケラーのマーケティング・マネジメント』ピアソン・エデュケーション）

Levitt, T.（1974）*Marketing for business growth*, 2nd ed., McGraw Hill.（土岐坤訳（1975）『発展のマーケティング』ダイヤモンド社）

Pendergrast, M.（1993）*For god, country, and Coca-Cola*, Charles Scribner's Sons.（古賀林幸訳（1993）『コカ・コーラ帝国の興亡』徳間書店）

Shostack, G. L.（1977）"Breaking Free from Product Marketing", *Journal of Marketing*, 41（April）.

Urban, G. L., J. R. Hauser & N. Dholakia（1987）*Essentials of new product management*, Prentice-Hall.（林廣茂・中島望・小川孔輔・山中正彦訳（1989）『プロダクト・マネジメント』プレジデント社）

青木幸弘・岸志津江・田中洋編著（2000）『ブランド構築と広告戦略』日本経済新聞社

池尾恭一・青木幸弘・南千恵子・井上哲浩（2010）『マーケティング』有斐閣

石井淳蔵・栗木契・嶋口充輝・余田拓郎（2004）『ゼミナールマーケティング入門』日本経済新聞社

恩蔵直人（2004）『マーケティング』日本経済新聞社

加藤勇夫・寳田國弘・尾碕眞編著（2006）『現代のマーケティング論』ナカニシヤ出版

田中洋（2002）『企業を高めるブランド戦略』講談社

延岡健太郎（2002）『製品開発の知識』日本経済新聞社

山本昭二（2007）『サービス・マーケティング入門』日本経済新聞社

# 第4章　価格戦略

## 第1節　販売価格の決定方法

　すでに4つのPの製品（product），価格（price），プロモーション（promotion），チャネル（place），の概要を学んだ。それぞれはマーティング・ミックス（marketing mix）を構成する基本的な要素の1つである[1]。それと同時に，4つのPは，マーケティング・マネジャーにとって管理可能な要因の1つでもある。

　本章では，製品戦略に続いて「価格戦略（strategy price or price strategies）」がテーマである。

　価格戦略には，需要と供給の観点からみて販売価格（以下本文では「価格」と称する）がどのように決まるかという経済学的な視点と，価格をどのように決めるかという経営管理的な視点がある。マーケティングからみた価格戦略は後者である。

　消費者が商品を購入する際に最も重視することは，製品（品質）と価格の2点であるといわれている。製品はマーチャンダイジング（merchandising）の重要な部門であり，価格戦略は自社の収益に直結する活動で，マーティング担当者が直面する重要な意思決定機能である。4つのPのなかから価格戦略をみると，相対的に変更ができる有効的なマーケティング戦略である。

　価格設定としての目標は，① 目標利益の達成，② マーケットシェア（market share）の獲得，③ 価格とマージン（margin，利幅または粗利益率）の安定や向上，競争者に対抗や追従するためである。

　価格決定に際しては，「コスト」，「需要」，「競争」の3つの要素を留意する。つまり，① 商品のコストを重視する費用志向型価格決定法，② 需要の大きさ

第4章　価格戦略　　*93*

| 販売価格（売価） | | | |
|---|---|---|---|
| 仕入価格 | 仕入諸掛 | 営 業 費 | 利　　　益 |
| 仕入原価 | | 利幅（マージン） | |
| 販売原価（総原価） | | | 利　　　益 |

**図 4-1　売買業者の販売価格の構成要素**

を配慮する需要志向型価格決定法，③ 競争企業の価格を重視する競争志向型
価格決定法がある。

## 1　価格の構成要素

　商品の価格は，メーカーであれば製造原価に，売買業者であれば仕入原価に
営業費と目標利益を加えて算定される。

　価格は，製造原価に，または仕入原価に一定率のマージン（マークアップ：
markup percentage）を加えて算定する。これがコストプラス法（cost-plus ap-
proach）である。

　実務的には，仕入原価と値入率（マージン÷仕入原価）の関係から価格を求
める。

> ・販売価格＝仕入原価×（1 ＋値入率）

　コストプラス法は，商品のコストを重視した費用志向型価格決定法である。
しかし，価格は，このような方法でだけで決定するとは限らない。価格決定に
影響する要因は多くあり，たとえば，経済動向・需要動向，競争状況などの企
業外要因や自社の操業度や，販売計画などの企業内要因からも考える必要がある。

　一般に，マージンは，価格に対して何％と見積もられる。そこで，コストプ
ラス法で価格を決定する際には，値入率を利幅率（マージン÷販売価格）に換
算する必要がある。

　値入率を利幅率の変換は，次の公式で求められる。

- 値入率＝利幅率÷（1－利幅率）
- 利幅率＝値入率÷（1＋値入率）

## 2　価格決定に影響する要因

　メーカーや売買業者が価格を決める大きな要素には，製造原価や仕入原価である。製造原価は，操業度，見込販売量によって原価計算が異なるために算出が困難である。そこで操業度や販売量・利益との関連を明らかにすることが重要になる。

### (1)　利益図表

　企業の利益は，売上高から総費用を差し引いたものである。総費用は固定費と変動費に分けることがでる。固定費には，売上高の変動に関係なく期間中に支出される費用である。常勤者の人件費・工場や店舗の地代・減価償却費などが含まれる。変動費には，売上高の発生に比例的に生ずる費用である。原材料を購入する費用や仕入原価，配達費，アルバイトやパートタイマーの人件費などが含まれる。

　利益図表は，一定規模の売上高を達成しないと，企業は損失をこうむり，こ

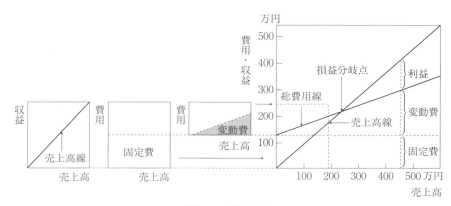

図4-2　利益図表

れを超えると利益が生じることをあらわしている。

利益図表のメリットは，目標利益を計上できることにある。

売上目標高は，次の公式で求められる。

$$売上目標高 = \frac{固定費＋目標利益額}{1－変動費率}$$

この公式によって，目標利益を実現させるためには，目標とする売上高が算定される。

利益図表は，需要と供給のうち，供給に重点をおいた価格決定法である。

なお，利益図表における売上高線と総費用線との交点が利益「0」の点で，これを損益分岐点という。損益分岐点は，次の公式で求められる。

$$損益分岐点 = \frac{固定費}{1－\dfrac{変動費}{売上高}}$$

次に，価格に影響を与える要因を小売業者の立場から検討する。

## (2) 商品回転率

商品回転率とは，在庫商品を一定期間内（ふつう1年間）に何回販売できるかという指数である。

商品回転率は，次の公式で求められる。

> ・商品回転率＝年間販売額＝年間売上額（価格または仕入原価）
> 　　　　　　　÷平均商品在庫高（価格または仕入原価）
> ・平均商品在庫高＝（期首商品棚卸高＋期末商品棚卸高）÷2
> 　　　　　　　　＝（期首商品棚卸高＋毎月末の商品棚卸高）÷13

一般に高級品は，商品回転率が低く，売れ残りによる損失が多くなるという傾向がある。業種別商品回転率は，中小企業庁の「中小企業の経営指標」に掲載されている。自店の商品回転率を同業種，競争店と比較して把握する必要がある。

96　第2部　マーケティングミックス

## (3)　交差比率

交差比率は，商品の販売効率の善し悪しを表す指標である。

交差比率は，次の公式で求められる。

> ・交差比率＝年間販売額＝粗利益率（％）÷商品回転率（回）

交差比率は，売れる商品と儲かる商品（粗利益率の高い商品）を検討するために使われる。仕入価格に近い低価格で決定すると，商品回転率は上がるが，利益は望めない。

## (4)　売れ残りの危険性

デザインやサイズの豊富な衣料品や流行性や季節性の強い商品は，売れ残りの危険性が高い。そこでPOSシステム（Point Of Sales System；販売時点情報管理システム）のデータを活用して，売れ筋商品を仕入れるとともに，死に筋商品を早期に排除する。

また，流行性や季節性の強い商品は，経済的注文量（最低在庫量＋補充期間中の売上見込量）や仕入れを打ち切る時期（手じまい期）を見極めることも大切である。

## (5)　サービスの有無

商品の販売に対して，ある程度のサービスが避けられない商品は，例えば，納車や無料の定期点検といったサービスが伴う自動車，配達や無料の調律といったサービスが伴うピアノのような商品は，それだけ人手を要し，余分な費用が伴うために価格を経費分だけ高くする必要がある。

また，対面販売方式を実施している百貨店は，セルフサービス方式を行っているスーパーマーケットよりも人件費が多くなるために，価格が高くなるのは当然である。

⑹ **消費者の反応**

　価格に対して，態度の比較的寛容な高価格志向の消費者は，価格をある程度高くしても商品を販売することができる。それに対して，価格の高低に敏感な低価格指向の消費者は，マージン率を低くしなればならない。

　価格設定にあたっては，対象とする消費者層が，どの程度の所得水準にあるか，どのような購買慣習をもっているかなど十分に調査する必要がある。

⑺ **市場価格（市価）**

　同一商品を周辺の小売業者の多くが販売している価格を，市場価格，または市価（マーケット・プライス：market price）という。

　小売業者は市価を参考に価格を決定することが多いので，市価の動向にも注意を払う必要がある。

　同一商圏内で，同一商品や競合商品が売られていなければ，比較的自由に価格を決定することができる。

　市価における実勢価格や需要量，さらに競争店の動向などを勘案して，また流通段階での流通コストを逆算し，それを適合するように価格を設定することを，市場価格基準法という。

　価格の決定は，原価方式よりも市場側の価格形成要因にウエイトをおいて，

　① 市価と同一価格とする方法—市場における実勢価格に適合させる。

　② 市価より低く価格を設定する方法—薄利多売で需要の拡大を図るが，コスト削減や販売の効率化が必要になる。

　③ 市価より高く価格を設定する方法—品質，機能，デザイン，サービスなど差別化することで競合商品よりも有利性が発揮できる。

　最終価格は，販売原価を基準にして，以上の要素を考慮しながら微調整を行って決定するのが通例である。


## 3　需要の価格弾力性

　商品に対する需要は，価格が高くなれば減り，反対に価格が安くなれば増え

る傾向にある。価格の増減に対する需要の増減の変化の割合を，需要の価格弾力性という。

価格1％の増減に対して，需要量の増加または減少が1％より大きければ需要の弾力性があるといい，需要の価格弾力性は商品の種類によって異なるが，次の計算式で求められる。

> ・需要の価格弾力性＝需要の変化率÷価格の変化率（絶対値）

その値が1未満であれば需要の価格弾力性が小さい商品といい，1を超えるときには弾力性が大きい商品，1の場合は弾力性のない商品という。

一般に，主食品や洗剤などの生活必需品の場合には，多少価格が上下しても需要がほとんど変動しないので，需要の価格弾力性は小さい。それに対して，宝石や高級衣料品などの贅沢品の場合には，価格の変化に反比例して需要量が変化するので需要の価格弾力性は大きい。

メーカーや売買業者が価格を決定したり，変更する場合には，需要の価格弾力性が大きいか，小さいかを十分に予測して，慎重に対応することも肝要である。

需要の弾力性の小さい商品は，値上げを行う戦略が効果的である。それに対

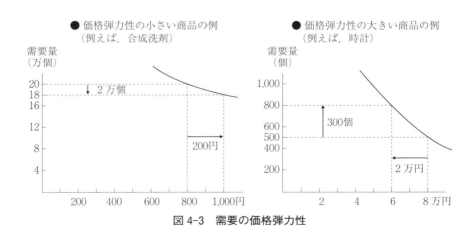

図 4-3　需要の価格弾力性

して，需要の弾力性が大きい商品は，値引きを行う戦略が効果的である。

## 4　薄利多売戦略

　商品のマージンを少額にして安い価格で販売すれば，競争店よりも自店に消費者が集まり，売上高を伸ばすことができる。

　営業費のなかに占める固定費は，売上高が増大するにつれて減少する。販売量が増大すれば，その商品が負担する1個当たりの固定費の額も少なくなり，たとえ1個当たりの利益が少なくても，全体としての利益は多くなる。

　薄利多売戦略とは，売上高に対するマージン率は低下するけれども，資本回転率が大きくなるという考え方に基づいて廉価販売する方法である。

　薄利多売戦略は，需要の弾力性の大きい商品に適している。需要の弾力性の小さい商品であっても，「地域一番店」として，消費者を自店に誘致するために総合スーパー（GMS：General Merchandise Store）やディスカウントストアなどが多く採用されている。

## 第2節　価格戦略へのアプローチ

　価格は，メーカー，卸売商，小売商のそれぞれの各段階で設定される。

## 1　小売価格戦略

　価格を設定することは，小売商が行う経営戦略として最も重要なことである。

### (1)　定価戦略

　定価はメーカーや卸売商が設定した「希望小売価格」を遵守して商品を販売する戦略である。正札政策ともいう。

　一般小売店の多くは，定価販売を行っている。

*100*　第2部　マーケティングミックス

## (2)　端数価格戦略

　端数価格は，顧客の心理的な効果を考えて，98円とか980円というような端数を付けた価格で販売する戦略である。

　端数価格のことを消費者の心理的価格（psychological price）という。実質上は，きわめてわずかな価格の違いにかかわらず，一見して安い価格であることを印象付けることになる。

　端数価格の導入は，販売員が代金を横領することが多く，横領防止目的で行われたという。端数を付けることによって販売員は，釣り銭を必要とする場合に，受け取った代金をレジまで持っていき，入金して，つり銭を受け取る必要がある。

　端数価格に対して，5,000円とか，10,000円といったちょうどきりのよいジャスト価格（just price）で販売することもある。これは端数価格に安っぽいというイメージがあり，また，端数があると価格や釣り銭計算が面倒になるという理由もある。


## (3)　慣習価格戦略

　慣習価格は，顧客が購入しやすい価格を設定し，商品の内容量をその価格帯に合わせるようにして販売する戦略である。心理上，その価格が記憶され，固定化され，もはやその価格の変更が容易でない価格となる。

　この戦略では，製造原価や仕入原価が多少高くなっても，価格を引き上げる代わりに内容量や利益を減らすなどして，慣習価格を維持するように努力することになる。事例は少ないが，ガムやキャラメルなどがある。


## (4)　段階価格戦略

　段階価格，アイテムが多い商品を，高級品・中級品・普及品などと3段階程度のよく売れるプライスラインに統一して販売する戦略である。

　消費者にとっては，自分の予算に合った価格帯から商品を選択できるというメリットがある。

### (5) 均一価格戦略

　均一価格は，100円ショップのように全商品を同じ100円均一で販売する方法，あるいは特定の売り場に多種類の商品をそろえ，同じ価格を付けて販売する戦略である。

　この場合，その価格で販売すれば，相当のマージンが得られる商品とマージンが少ない商品を一緒にして，全体として必要なマージンを獲得できるように工夫している。

### (6) 割引価格戦略

　割引価格は，メーカー希望小売価格や自店の通常価格に対して，一定率を割引した価格を付けて販売する戦略である。

　この戦略は，特定の消費者に対して一定率の割引を行う方法と，「感謝デー」と称して，日，週，月，季節などによって価格を変えて割り引くカレンダータイムの差別価格と，一日のうち特定の時間帯だけを割り引くクロックタイムの差別価格がある。この戦略は，消費者に対して，日頃の愛顧に応える意味もある。

　優待券や一定期間有効のクーポン券を配るなど特定の消費者だけを対象とした割引は，自分が選ばれた者としての心理的優越感をいだかせることによって販売効果を高めることになる。

　この考え方は，後に説明するが，フリークエント・ショッパーズ・プログラム（FSP：Frequent Shoppers Program）という。一方では，割引の特典を得られない消費者の反感をいだかせることにもなりかねないので，実施には慎重を要する。

### (7) 特価戦略

　特価（特別価格）は，「目玉商品」など特定の商品を安い価格を付けて販売する戦略である。

　なお，商品を仕入価格より安い価格で販売することを不当廉売というが，極

*102* 第2部 マーケティングミックス

端な仕入原価以下での安売り（乱売）は独占禁止法違反となるので留意する。

## (8) 見切価格戦略

見切価格は，「見切品」とか「バーゲン品」というように，通常の価格より大幅に値下げした価格を付けて販売する戦略である。

## (9) 名声価格戦略

名声価格は，高品質を顧客に連想させるために，高級品には高価格を付けて販売する戦略である。一般的には，「ブランド品」といわれている。

## 2　卸売価格戦略

メーカーや卸売商が，他の卸売商や小売商間の取引で行う価格戦略のなかで代表的なものに，割引価格とリベートがある。

メーカーや卸売商にとっては，マーケティング戦略の1つとして実施する差別価格戦略ともいえる。

## (1) 割引価格

メーカーや卸売商が，取引条件に応じて一定の割合の金額を差し引く割引価格（discount price）には，次のような方法がある。

① 数量割引（quantity discount）—特定数量以上の注文に対して値引きする方法で，一定期間の販売総額に対して行う累積的割引と，個々の注文に対して行う非累積的割引

② 現金割引（cash discount）—支払い条件を掛け払いや手形払いとして卸売価格を設定している場合に，現金払いや早期に支払いを済ませた小売商に対して値引きする方法

③ 季節割引（seasonal discount）—クーラーや暖房器具のような季節的な商品を需要が少ない時期に早期注文する小売業者に対して，通常より値引きする方法

④ 業者割引（trade discount）——メーカーが自己の販売経路の秩序を維持し，売買業者のマージンを確保するために卸売業者と小売商に対して割引率に差を付ける方法。たとえば，希望小売価格に対して，卸売商には小売価格の30%引き，小売商には小売価格の20%引きというように設定，また，同じ小売商でも親密度によって割引差を付ける場合がある。

## (2) リベート

リベート（rebate）とは，一定期間の販売高や代金回収高に応じて，売上割戻金，販売奨励金，販売手数料などの名目で取引金額の一部を小売商に支払う方法である。支払期日前に代金を支払った小売業者に対して売掛金の一部を免除したり，商品を添付することも，税務上ではリベートとして扱われる。

リベートの最終的目標は継続的な販売促進である。実態的には，① 報酬目的——販売実績に応じて支払う，② 販売促進目的——新規取引先の開拓，特定商品の推奨販売のために支払う，③ 統制・管理目的——取引先の支払い早期化，価格維持のための管理する手段として支払う。

報奨目的のリベートは，一般的に行われている。報奨目的のリベートは，売り手が買い手を管理するという手段であると同時に，小売商の利益率の低下を補うマージンという性格も強くなってきている。結果的にみれば，リベートは高率のマージンを取引先に与えることで，高い小売価格を消費者に押しつけることもなりかねない。

リベートは，わが国独特の商慣習で，その支給の仕方が合理的ではない。あるいは税法上の取り扱いが難しくなっていることから，リベートの在り方について近代的な運用が要請されている。その意味でリベートは，裏面的な性格を次第に失われつつある。

## 3 ライフサイクルからみた価格設定

製品のライフサイクルの位置との関連から，メーカーとして，次のような価格戦略がみられる。

*104* 第2部　マーケティングミックス

### (1)　上澄吸収価格戦略

　上澄吸収価格戦略（skimming price strategy）は，市場導入期にある商品を，比較的高価格で，対象も高所得者に限定して販売し，その後は価格を下げて販売しようとする方法である。初期高価格政策（policy of high initial price policy）ともいう。

　上澄吸収価格戦略は，新製品の価格に対して価格に敏感でない層を顧客対象とする時期でもあるので，短期的に利益の拡大を図り，製品開発の資金を回収，あるいは導入期に必要な販売促進費などの資金を回収する意図もある。また，その製品に対する将来の市場拡販の準備として，競合商品があらわれたならば，価格を引き下げて市場を独占しようとする戦略でもある。さらに，ライフサイクルの成長期には，価格を引き下げることによって低所得者層にも拡大する戦略にもなる。

　たとえば，事務用ワープロは，1978（昭和53）年に発売された。その価格は630万円，一人当たりの国民所得（当時）が170万円余りである。国民所得と比較すると事務用ワープロは，高価格な情報処理機器であったことがわかる。その後，別のメーカーから295万円というワープロが発売され，多くの事務機メーカーが参入して10万円台が主流となり，低価格競争の時代が続いた。現在では，ワープロ専用機はパソコンの機能の拡大と普及によって市場から撤退した。

　事務用ワープロは，上澄吸収価格の商品であったとともに，ライフサイクルの短い商品でもあった。


### (2)　浸透価格戦略

　浸透価格戦略（penetration price strategy）は，自社製品を急速に市場に浸透させるために低価格で販売し，マーケットシェアを確保しようとする戦略である。潜在需要が大きい新製品は，競争企業が市場に参入する可能性が高いので，浸透価格戦略を採択すると効果的である。

　たとえば，インスタント食品などの大衆的な商品とか，需要の価格弾力性の

大きい商品に適している。

このように新製品の導入期に低価格を打ち出すので，初期低価格政策（policy of low initial price policy）ともいう。

## 4　価格設定の考え方と表示方法

### (1)　価格設定の考え方

小売店で用いられる価格設定の考え方に関連する用語である。

### ①　プライスゾーン

品種ごとに価格の上限と下限の範囲内に設定することを「プライスゾーン（price zone：価格帯）」という。

たとえば，「一番安いボールペンが50円，一番高いボールペンが50,000円」の場合には，「50～50,000円」というような表示を行う。

### ②　プライスライン

商品の価格の種類のことを「プライスライン（price line：価格線）」という。

たとえば，カメラの場合には，高級品・中級品・普及品などの3通りくらいに分けるという考え方である。その理由は，価格が細かく分かれていると消費者が商品を選択するのに迷うためである。

### ③　プライスポイント

プライスラインのうち，最も売れている商品の価格のことを「プライスポイント（price point：値ごろ）」という。

たとえば，デジカメの場合には，29,000円台，19,000円台，というような表示である。消費者にとっては，品種のなかで最も売れている商品，最も買いやすい商品，つまり「値ごろ感」をもつ商品ということである。

### (2)　価格表示の方法

主に小売店舗における価格表示の方法について述べる。

### ①　ユニットプライシング

ユニットプライシング（unit pricing）は「単位価格表示」のことで，日用品

や食料品など，一定の計量単位（たとえば，容量・重量・長さ）当たりの価格を表示される。

たとえば，「350g 入りで 700 円の商品」は，「100g 当たり 200 円」というような表示である。買い物をする消費者にとっては，「どちらの商品が割安であるか」ということが，一目，識別できる。

② バーゲン価格

バーゲン価格（bargain price）は，季節の終わりや創業記念年や月などに，通常の売価から大幅に値下げした価格を付けて商品を販売する方法である。

バーゲン価格は，集客効果を高めることと，売れ残り品を一掃できるというメリットがある。なお，在庫品一掃大売り出しを，「クリアランスセール（clearance sale）」という。参考までに，バーゲンの元祖は諸説あるが，松屋呉服店（東京・現在百貨店）であるといわれている。

松屋は，1908（明治 41）年 3 月 12 日に「日本に前例なきバーゲンディ　大安売日」という新聞広告を行っている。3 月 15 日より 17 日の 3 日間のバーゲンである。ちなみに，通常価格の 2 割引である。

　一．女丸帯（平日売価）金二十円，（当日売価）金一六円

　一．お召縮緬（平日売価）金一五円，（当日売価）金一二円

なお，「地方遠隔の人は『安売日』の当日までに郵便為替を以て（中略）御申込みになれば，特定の品物を送達すべし」と，来店できない客に対して通信販売も行ったようである。

当時の呉服店は，正札の価格を値引きすることは店の面目を潰す行為と考えられていた。しかし，この販売方法に客は殺到し，入場制限をするほど盛況であった。この販売方法が他の小売店にも刺激となり，その後，一般的に実施されるようになった。

③ オープン価格

オープン価格（open price）は，家庭用電化製品やカメラ業界のように，メーカーの希望小売価格を表示しないで，小売店の裁量で自由に価格を付ける方法である。

小売商にとっては，競争店と価格を比較されやすいので，大量仕入やマージン率を低くするなど経営努力でコスト削減，価格の引き下げが要求される。

家電量販店では，プライベートブランド（PB：Private Brand）商品を開発して，オープン価格を導入する事例が多い。家庭用電化製品の量販店が行っている「他店よりも高ければ，値引きします」というチラシ広告には，PB商品が多く含まれている。

④ 二重価格表示

二重価格表示は，メーカー希望小売価格，市価，自店旧価格や自店通常価格と実際に販売する価格とを二重表示する方法である。景品表示法（不正景品類及び不当表示防止法，1962年制定）では，表示方法の規制がある。

⑤ 再販売価格維持契約（再販）

再販売価格維持契約は，書籍や雑誌などの著作物など以外は独占禁止法で禁止されているが，メーカーや卸売商が価格維持のために，卸売価格や小売価格を決め，その価格で販売するように義務付けた契約のことである。再販を禁止されている商品に対して，メーカーや卸売商が，再販価格を守るように要求することがある。これを「ヤミ再販」という。

⑥ プライスカード

プライスカード（price card）は，商品に付ける販売価格表示カード（値札）のことである。

プライスカードは，消費者にとっても，小売商にとっても，商品に関する多くの情報が記載されていることを再認識する必要がある。

プライスカードの情報としては，① 品名，② 規格，③ 格付け，④ 部門・クラス，⑤ 発注単位，⑥ 発注コード，⑦ 販売方法，⑧ 販売限度日，⑨ JANコード，⑩ 販売価格，⑪ ユニットプライシング，などがある。

## 5　価格の種類

### ⑴　価格戦略による価格の分類

価格戦略による価格の分類には，次のような方法がある。

① ディスカウントプライス（discount price）―一定水準の品質をもつ商品を，一定価格まで引き下げて販売する方法である。この戦略は，もともと安い商品や粗利益率を低くして販売する方法ではない。

② プロパープライス（proper price）―値引きや廉価販売を行わないで，小売業者の決めた値入率を用いた価格で販売する方法，である。

### ⑵　プライスゾーンによる価格の分類

プライスゾーンによる価格の分類では，次のような方法がある。

① ディープディスカウント・プライス（deep discount price）―特定時期に，直接，メーカーから大量仕入を行うとともに，あらゆるコストを削減，超低価格で販売する方法である。

② ローワープライス（lower price）―一定品質の商品を割引して，その小売店の通常価格よりも低い価格で販売する方法である。

③ ポピュラープライス（popular price）―どのような顧客に対しても，安心して買える価格で販売する方法である。

④ モデレートプライス（moderate price）―ポピュラープライスよりも高めの価格で販売する方法である。

⑤ ベタープライス（better price）―やや高級な価格で販売する方法である。

⑥ ベストプライス（best price）―高級品や特殊な商品に付けて販売する方法である。

## 6　競争店に対応できる価格設定

競争店を意識した価格設定の方法で，競争店の価格と自店の販売戦略上，付ける価格戦略である。

### ⑴　競争店に接近した価格

競争店の価格帯に，自店の価格を近づける戦略である。

## (2) 競争店より低い価格

　競争店の価格帯より，自店の価格を低くする戦略である。絶えず競争店調査（ストアコンパリゾン）を行い，同種，同アイテムの価格よりも，自店の価格を低くする戦略である。

　価格帯を低く，または接近する価格設定は，「ローコスト：low cost」，「ローマージン：low margin」による大量販売方式や，ローコスト・オペレーション（高効率経営：low cost operation）の確立が求められる。

## (3) 競争店より高い価格

　業態の相違や経営方針により，高品質・高サービスを行うことで，競争店が実施する価格帯より，自店の価格を高くする戦略である。価格帯を高くする価格設定を行うためには，販売技術や売り場づくり，人的サービス面を充実させることが重要な課題である。

## 7　購買心理，購買慣習からの価格設定

　顧客の購買心理，購買慣習からみた価格設定の方法である。

## (1) 端数価格

　端数価格は，前述した価格設定法である。価格の末尾を意図的に統一して，買い求めやすい，または心理的にお値打ち品という印象を与える戦略である。

　たとえば，1,000円と設定したい商品を980円（末尾に0），商品を998円（末尾に8）など意図的に付けている。

　ドラッグストア，スーパーマーケットなどでは，端数価格を実施している。そのためには，業態の相違や自店の経営方針などにより，戦略的に，長期的な視点でのEDLP（EveryDay Low Price）を展開することも必要になる。

　EDLPは，チラシ掲載商品や目玉商品だけを，限られた期間だけ安く販売するのではなく，商品を限定しないで常時（通常は6ヵ月から1年）低価格で販売することである。アメリカのシアーズが1989年より導入したが，安売りを

*110　第2部　マーケティングミックス*

できるようなマーチャンダイジング力と徹底したローコスト・オペレーションが求められる。

### ⑵　ドロシーレーンの法則

　ドロシーレーンの法則は，すべての商品の価格を引き下げるのではなく，売り場の一定スペース，もしくは全スペースに対して，価格を引き下げる割合を決めることで，心理的に「安い」というイメージを消費者（顧客）に与える戦略である。

　ドロシーレーンの法則は，次の通りである。

　① 100アイテムの中で18％の商品を安くしたら，85％の顧客が安いと感じる。

　② 100アイテムの中で30％の商品を安くしたら，95％の顧客が安いと感じる。

　③ 100アイテムの中で58％の商品を安くしたら，ほとんどの顧客が安いと感じる。

　つまり，特定の少数の商品を激安にするよりも，一定割合の商品を少しずつ安く販売した方が，顧客は安さを感じるということである。

### ⑶　購買慣習からの価格設定

　前述したガムやキャラメルなどの慣習価格である。社会的慣習によって形成されて付ける商品の価格である。それに類似して，ペットボトルの飲料水も上げられる。ほとんどのメーカーの商品は，500ml入りは150円，350ml入りは120円で，一般小売店や自動販売機による販売で実施している。

## 8　低価格戦略による購買促進

　小売商が低価格によって集客を図ることで，消費者の購買意欲を促進する方法がある。

　前述した「目玉価格」，「見切り品」，「バーゲン品」などの「おとり商品」がある。それらの商品を戦略的に扱う代表例として，ハイ・ロー・プライシング戦略とエブリデイロープライス（EDLP）戦略がある。

その特徴は，次の通りである。

## ⑴　ハイ・ロー・プライシング戦略

　ハイ・ロー・プライシング（high law pricing）戦略は，一定期間，一定の商品を対象にして特売品を選定，通常の価格から値下げして販売する戦略である。

　特定期間が過ぎると，通常の価格に戻されるので，通常時と特売日とで価格が上下するのでハイ・ロー・プランシング戦略といわれる。

　一般的には，チラシ広告で告知して来店促進を行い，POP広告（Point Of Purchase Advertising）で購買促進を行い，「ついで買い」を促進することで売上増加を図る方法である。チラシ広告にクーポンを印字したり，店頭にクーポン券を配置することもある。

　おとり商品は，来店促進を目的としているので，仕入原価を下回るような価格で販売される商品も含まれる。このような商品をロスリーダー（loss leader）という。ロスリーダーは，小売店にとって売れれば売れるほど損失が増加するために，販売数量を限定することが多い。

　とくに，ロスリーダーだけを狙って購買する消費者をバーゲンハンター（bargain hunter）というが，これらの消費者が多い小売店は，来店客数が多くても利益は上がらない。そこで専門性の高い小売店などでは，バーゲンハンターを締め出す戦略となるフリークエント・ショッパーズ・プログラム（FSP）を実施している。

## ⑵　エブリディロープライス（EDLP）戦略

　期間限定のハイ・ロー・プランシングに対して，前述したようにエブリデイロープライス（EDLP）戦略は，毎日低価格販売する方法である。この戦略は，テレビ広告やチラシ広告などによるプロモーション費用を削減や廃止することで，低価格販売を維持することができる。

*112* 第2部 マーケティングミックス

## 9 固定客獲得による価格

### (1) 20−80パレットの法則

20−80パレットの法則とは，企業の売上額または利益の80%は，上位顧客の20%によってもたらされるという法則のことである。そのためには，上位顧客，優良顧客を確保，維持するための方策が必要になる。

### (2) フリークエント・ショッパーズ・プログラム

フリークエント・ショッパーズ・プログラム（FSP）は，顧客の購入金額や来店頻度などによって顧客間に「差」をつけることで優良顧客の維持・拡大を図る戦略のことである。

FSPの導入は，① 価格競争の激化に伴う自社戦略の明確化の必要性，② カード社会の到来による顧客の獲得方法の変化が生まれたことによる。そのために，すべての顧客を平等に扱わなく，優良顧客への特典を強化する。

特典強化策としては，① 優良顧客の会員化を促進し，② 優良顧客の特典サービスを強化し，③ ポイント率の累進化を図り，④ ポイント以外の特典を強化する。

FSPの展開方法としては，① 第1段階—ポイントプログラムを導入するレベル，② 第2段階—優良顧客を選別するレベル，③ 第3段階—顧客情報を活用するレベル，④ 第4段階—個々の顧客にワントゥワン・マーケティング（one to one marketing）を展開できるレベル，である。そして，顧客1人ひとりの属性やニーズ，ウォンツなどに合わせてマーケティング活動を実践する必要がある。

### (3) カスタマーリレーションシップマネジメント

カスタマーリレーションシップマネジメント（CRM：Customer Relationship Management）は，顧客情報を活用することで顧客の利便性と満足度を高め，長期間にわたる顧客との良好関係を維持する戦略のことである。

CRMは，実践手段であるFSPで得られたデータを活用して，顧客の囲い込

第4章　価格戦略　　*113*

みを図る。① デシル分析―たとえば，顧客を購入金額により 10 のグループ（デシル）に分類し，上位のグループの顧客に多くの特典を付与する，② 特定のカテゴリーだけを購入しない顧客に対して，購入しないカテゴリー商品のディスカウント・クーポンを配布する，③ 顧客の商品カテゴリー別購買履歴を分析する，などがある。

## 第3節　価格戦略の問題と課題

### 1　価格破壊と値崩れ

　物価の下落現象は，需要曲線と供給曲線との関連で考えることができる。

　より低い価格で商品を供給できるようになる価格破壊と，需要量の減退で価格を下げるしかないという値崩れという全く異なった2つの要因によって起こる。価格破壊であれば供給量は増加するが，値崩れであれば供給量が減少する。

　価格破壊は，ディスカウンターと呼ばれる大規模な安売り店，営業の免許制から許可制の変更など規制緩和による異業種から参入した安売り店の増加である。

　これらの店は，大量仕入・大量販売を背景にメーカー主導の価格決定の仕組みを打破したり，流通の仕組みを効率化する方法で低価格を実現している。それに対して，既存の中小規模の小売店は，販売管理費の縮小などで対抗するための努力が急務となっている。

### 2　価格協定と価格指導制

　ある小売商が販売を拡大するために価格を引き下げると，競争店も対抗上，同様に値下げするようになって，お互いが価格引き下げ競争を行うことで，共倒れになる恐れが生ずる。このような危険を避けるために，同種商品のメーカー間や売買業者で販売価格の協定を結ぶことがある。これを価格カルテル（price cartel）という。

　価格の不当な維持，引上げなどを目的としたカルテルは，企業間の自由な競

*114* 第2部　マーケティングミックス

争を束縛し，公共の利益に反するので，私的独占の禁止及び公正取引に関する法律（独占禁止法）で禁止されている。

　価格カルテルは独占禁止法で禁止されているが，メーカーの異なる同種の商品が短期間のうちに次々と値上げされることも多い。これはカルテルのように業者間で協定や話し合いで決めるのではなく，原材料や人件費などの値上がりで製造原価や販売原価が上昇したときに，業界の有力な企業が値上げしたら，他社がこれを追従するからである。これを価格指導制（price leadership）といい，カルテルと同様な結果となる。

　カルテルと価格指導制が話し合いをするか否かの違いで合法か違法になる。現実問題として，暗黙の了解行為を違法と判断しにくいところがある。


## 3　サービスの価格

　サービスについての価格設定には，大きな問題点がある。

　商品に対してサービスの特性は，① 形のない機能，働きという無形性であり，② 限定された時間や空間に存在し在庫や保存ができないという非貯蔵性，③ 1回だけの効用という一過性であり，④ 生産と同時に消費が発生する同時性などがある。そのために同じ種類のサービスであっても質と内容に差が生じる非均質性，サービスの質と評価を判断する困難性も考えられるし，需給調整ができにくいということで，商品の物流機能のように販売価格の平準化がしにくい。

　そこで，美容・理容のように熟練度や経験等を無視した地域内同一価格の料金設定が行われたり，大部分の医院や病院が自由診療よりも厚生労働省が定めた価格（診療報酬）を使うようになる。また，保守・点検や修理のようなサービスは，商品と比較すると原価計算の算出が困難であるために，技術等の優劣を無視した不透明な価格が形成されやすい。

　一方，利用者の意識にも問題点がある。商品に付随するサービスやアフターサービスは無料という意識も無視できない。最近では，家庭用電化製品の配達を有料にしたり，メーカーの保証期間とは別に独自の保証期間を設けて，その

費用を徴収する販売店も増加しつつある。

## 4 二重価格表示

二重価格表示は，希望小売価格，市価，自店旧価格や自店通常価格と販売価格の二重表示を付けて販売する方法である。

景品表示法では，二重価格表示をして販売する場合には，市価または自店旧価格，自店平常価格や希望小売価格と比較して，明示しなければならない。また，20％とか40％という割引率を表示する場合も，同様である。どれを基準として算出したかを正しく表示しないと，消費者が商品選択するのに混乱が生ずる。しかし，景品表示法に基づき「有利誤認」として独占禁止法の番人といわれる公正取引委員会に警告された事例も多い。

景品表示法では，商品が実態とかけ離れる形で，その他の商品よりも「著しく有利」と消費者に誤認される表示を禁止している。たとえば，販売実績がほとんどない商品に，「通常価格（セール前価格）の40％引き」と表示することである。公正取引委員会では，セール価格とセール前価格（通常価格）を表示する場合には，繊維製品など季節商品の「通常価格」について，「最低でも1カ月程度はその値段で販売実績」があることを運用基準としている。

最近では，巧妙な方法で二重価格表示をする場合もある。たとえば，家庭用電化製品の場合は，販売決定権をもつオープン価格の商品が多くある。量販店では，それらの商品をPB商品として販売している。その商品を，最初に高い販売価格を設定して数ヵ月後に，自店平常価格の20％引き，30％引きにするという販売方法である。また，他店と比較して高ければ値引きするという家電量販店のチラシ広告では，ナショナルブランド（National Brand）商品と類似した商品でも，型番が異なるPB商品が多く含まれている。

## 5 競争メカニズムの制約

競争メカニズムを制約する行為には，リベート，ヤミ再販，ダンピングなどがある。

116　第2部　マーケティングミックス

## (1)　リベート

　わが国の取引慣行は，リベート制だけでなく，建値制，返品制，消化仕入れ（売上仕入れ）などが多く存在している。

　建値制は卸売価格を決めて販売する方法で，返品制は売れ残り品をサプライヤー（供給者）に変品できる方法，消化仕入れは小売商がサプライヤーに対して売却代金だけの代金債務を負担する方法である。また，新規参入を制限したり，優越的な地位を背景とした不公平な取引慣行もある。

　これらの取引慣行は，取引関係を円滑に開始，継続するために歴史的に形成されたものであり，一定の合理性もある。しかし一方では，自由な取引関係が形成されずに価格競争が制約されている側面もある。

　リベート制は，メーカーの価格決定に対する影響力を強める結果，売買業者間の価格競争を硬直化させる場合もある。また，返品制は売れ残りのリスクを誰が負担するかが問題であり，他の商品の価格に上乗せして転化すれば，最終的には消費者が負担することになる。

## (2)　ヤミ再販

　メーカーやその業種団体が，卸売商や小売商に対して価格を決めて指示するヤミ再販や，話し合いによる価格の一斉値上げを行う行為は，独占禁止法によって禁止されている。また，指示価格での販売や値引き率の制限などを守らない卸売商や小売商に対して，メーカーが出荷停止や違約金の徴収など不公平な取引を強制する行為も禁止されている。

　現実には，ヤミ再販は，公正取引委員会から摘発される事例も多くある。

## (3)　ダンピング

　わが国のメーカーや商社などが海外市場に食い込むために，国内価格よりも大幅な低い価格で商品を販売するダンピング（dumping）行為がある。輸入国でもダンピング行為は法律違反として取り締まりを強化している。

　市場の国際化は，国際的な対立や経済摩擦を引き起こすことにもなりかね

い。ダンピング行為などの経済摩擦防止策として，輸入国の市場を混乱させないような秩序ある輸出体制が必要になる。この考え方を，オーダリーマーケティング（orderly marketing）とよんでいる。

注 ――――――――――――
1）「価格」の英文表示は，"price"，または""pricing"がある。本章では，原則として，英用語として定着している場合を除き"price"で統一している。

## 参考文献
榊原省吾（2010）『ビジネス社会で成功する　マナーとスキル』実教出版
――（2011）『日商　販売士検定試験練習問題集　2級』実教出版
――（2011）『日商　販売士検定試験練習問題集　3級』実教出版
花輪俊哉（2002）『マーティング』一橋出版
ハワード，J. A. 著，田島義博訳（1967）『マーティング・マネジメント』建帛社
松江宏（2005）『現代マーティング論』創成社

# 第5章　プロモーション戦略

## 第1節　プロモーションの概念

### 1　プロモーションとは何か

　「販売促進」(sales promotion) という用語は，マーケティング研究の生成の地であるアメリカにおいて，1930年頃から用いられ始めたといわれている。この用語自体は一般用語に近い形でそれ以前から用いられていたが，この頃からマーケティングの主要な活動のひとつに位置づけられる概念として，「販売促進」という用語が用いられるようになったのである。

　この用語は，現在でもなお曖昧さを残しているが，プロモーションの標準的定義としてアメリカ・マーケティング協会 (American Marketing Association : AMA) が1960年に提示した定義がある。それによれば，「広義―人的販売，広告活動，パブリシティなどを含む顧客の購買を刺激するすべての方法である。狭義－人的販売，広告活動，パブリシティなどを除くマーケティング諸活動のことであり，消費者の購買や販売業者の効率性を刺激するような陳列，展示，展覧会，実演その他恒常的にくり返して行なわれることがない販売努力である」としている。

　このように，AMAの定義委員会は，販売促進を限定された意味に使うのが望ましいと勧告している。その結果，最近では，広義の販売促進に"プロモーション" (promotion) という表現を使い，狭義のそれを"販売促進"とよんでいる。そこで，ここではこの考え方に基づいて広義の販売促進をプロモーションとよび，それを構成する要素として人的販売 (personal selling) と非人的販売 (nonpersonal selling) (広告，販売促進，パブリシティ，広報) を考えるこ

図 5-1　プロモーションの体系

ととしたい。これを整理すると，図 5-1 の通りである。

## 2　プロモーションの目標

　プロモーションはコミュニケーションによって商品の需要を喚起し，あるいは維持しようとするマーケティング活動である。現在の市場経済においては，消費者のニーズを推測して，これに合致した商品を市場へ供給する。しかしながら，消費者の側ではその商品の存在を知らないこともあれば，欲求を意識しないこともあるので，商品の存在を知らせ，または欲求を刺激して潜在的な欲求を顕在化させるよう努めなければならない。また，欲求をもたない消費者に対しても，その商品の価値を認めるよう説得して，欲求を生じさせなければならない。プロモーションはこのように，情報の伝達により消費者を説得し，刺激して商品の価値を認識させ，想起させる過程を含んでいる。今日，マーケティング戦略の成功不成功の鍵はプロモーション活動が握っているといっても過言ではない。

　プロモーションの基本的目標は，企業のマーケティング・ミックスや，企業自体がターゲットとする顧客に①知らせること（to inform），②説得すること（to persuade），③想起させること（to remind）である。このようなプロモーションの目標を効果的に達成するためには，いろいろなプロモーション・ツールの相乗的効果を通じて，情報をコミュニケートしなければならない。そのために

*120* 第2部 マーケティングミックス

は，AIDMA（アイドマ）理論のような消費者の心理過程を熟知したうえで，顧客がその過程をたどるよう誘導していくのである。A は注意（Attention），I は興味（Interest），D は欲望（Desire），M は記憶（Memory），A は行動（Action）を意味する。

## 第2節　プロモーションの要素と戦略

### 1　プロモーション・ミックス

　プロモーションの主な手段として，① 人的販売，② 広告，③ 販売促進，④ パブリシティ，⑤ 広報の5種類がある。プロモーションはこれらの手段を個別にあるいは排他的に用いるのではなく，相互補完的に用いることによって，相乗効果（synergy effect）が得られる。プロモーションの諸手段は，それぞれ次のような得失をもっているからである。

　人的販売（personal selling）は，口頭により企業や商品に関するメッセージを見込客に伝達する販売員の活動であるから，各対象の要求に応じた情報を伝達し，臨機応変に説得を行って，効果的に働きかけることができる。反面，費用が高くつくため相当の売上を期待できる対象でないと収支があわないし，また，対象がある程度明確に把握されないと利用しにくいという短所をもっている。

　広告（advertising）は，新聞，雑誌，放送その他の媒体を通じてメッセージを伝達する活動であって，有償で行うものである。安い費用で働きかけることができるが，人的販売に比較して説得力が弱い。また，必ずしも有望な見込客のみを対象にできるとは限らないので費用の無駄を生じやすい。したがって，市場を広く浅く開拓し，あるいはすでに開拓した市場を維持するのに適している。

　パブリシティ（publicity）は，自社に有利な情報を，ニュースの形でマスコミ機関に提供し，それを記事の形でとりあげてもらうものであり，原則として無料である。パブリシティによる情報に対しては，信頼度が高く，広告や販売

員活動の効果をあげる役割は大きい。

　販売促進は，販売員活動，広告，パブリシティ，広報以外のメッセージの伝達活動である。店頭や店内陳列，景品や見本の提供，展示会の開催，販売店に対する援助などであるが，販売員活動や広告を補完する機能を果たしている。

　前述のプロモーションの諸手段は，市場の構成，消費者の購買態度，製品ライフサイクルにおける位置，その他を考慮してプロモーション・ミックス（promotion mix）を構成する。

## 2　プッシュ戦略とプル戦略

　プロモーション・ミックス戦略を展開するに当たっては，プッシュ・プロモーションとプル・プロモーションの2つの基本的な戦略を選択することができる。この2つの戦略のうちのどの戦略を採用するかによって，関連する特定のプロモーション手段のどれに重点をおくかが決まる。

　プッシュ戦略とは，製造業者が自社の製品を取り扱う流通業者（卸売業者や小売業者）を通して最終消費者まで製品を「プッシュ」することである。人的販売（説得，推奨，情報提供など）や自社の販売員を手伝いに送ったり，販売促進費などを使って様々な資金援助をして，自社製品を顧客に「プッシュ」していく戦略である。

　プル戦略とは，大規模な広告やパブリシティによって最終消費者にブランドを認知させ，商品を指名買いするように仕向けるコミュニケーション戦略である。プル戦略は，種々のメディアにより最終消費者の視覚に訴求することが容易であり，ブランド・イメージを植えつけやすい。特にアパレル製品，化粧品などブランド選考されがちな商品には有効な方法である。

　小規模な生産財企業では，プッシュ戦略のみを採用することが多いが，ダイレクト・マーケティングを実施している企業では，プル戦略のみを採用しているところもある。しかしながら，ほとんどの大企業は，両者を組み合わせて使用している。近年，消費財企業はプロモーションの「プル」の部分よりも，「プッシュ」の部分を増やしている。

*122* 第2部 マーケティングミックス

# 第3節 プロモーションの手段

## 1 人的販売

アメリカ・マーケティング協会の定義によれば，人的販売（personal selling）とは，「販売を実現することを目的として，1人またはそれ以上の見込客との対話によって口頭の情報提供を行うこと」であるとされている。広告や販売促進が需要の喚起のみを機能とするのに対して，取引をも含んだ活動である。すなわち，販売は創造的販売とサービス販売に分けられる。創造的販売（creative selling）はプロモーションを主とし，購買意欲の確定しない顧客に対して，新商品などに対する需要を喚起する。そして，自己の商品や商標を選好するように働きかけるのである。サービス販売（service selling）は販売事務を主とし，すでに購買を決定しており，あるいは少なくとも自己の欲求を明確に意識している顧客に対して，自己の商品の購買を決定するために必要な情報を提供するものである。その上で，商品を呈示し，販売条件を明らかにし，受注の手続きを行い，商品を包装し，取引の完了に必要なその他のサービスを提供するのである。

広告が顧客に対し製品を，「媒体」を通じて表現するのに対して，人的販売は「人」を販売のための用具あるいは呈示のための用具として利用するものである。したがって，人的販売はセールスマンの個性や技術によって，その成果が大きく左右される。そのため，セールスマンの選定や，教育・訓練・販売計画の立案，行動管理，業績管理が適切に行われなければならない。


〈販売員活動の役割〉

販売員活動は，急速に技術が変化し製品が複雑化・専門化している分野では重要性を増している。販売員を通じて，顧客のニーズに合った情報の提供が可能だからである。

販売員の活動は，業種や，製造業か流通業か，訪問販売か店頭販売かによって異なるが，大略次のように整理することができる。

① 受注・販売業務（見込客の発見，製品説明，注文取り）

② 回収管理業務（信用調査，請求書送付，代金回収）

③ 顧客管理（販売先管理，消費者相談）

④ 苦情処理（苦情の受付，原因把握，対策決定）

⑤ 情報収集（顧客情報，自社・競合会社情報，市場・業界情報）

## 2 広 告

### ⑴ 広告とは何か

　アメリカ・マーケティング協会（AMA）の定義委員会は広告について「明示された広告主によるアイディア，商品もしくはサービスについての有料形態の非人的提示および促進形態である」と定義している。"人を媒介しない"という点で人的販売と異なり，"有料形態である"という点でパブリシティとも異なる。また，媒体を通じて広く"特定のメッセージを伝達する"という点で，狭義の販売促進とも異なる。したがって，広告の必要条件は第1は広告主が明示されているということ，第2は有料形態である，第3は非人的提示ということになる。

　つまり，広告は企業がその商品およびサービスを販売促進するために有償の媒体を通じてメッセージを伝達し，需要の刺激および説得を行う活動である。現在の激しい市場競争においては販売促進の有力な手段となっている。

### ⑵ 広告の機能と目的

　広告の機能とは，広告の働きや役割のことである。広告にはマスコミ情報の入手を容易にする機能があり，それによってブランド選択の幅を広げて消費者の生活を豊かにする。また，大量消費を可能にし，大量消費によってコストを引き下げる機能があるともいわれている。

### ① 広告の情報提供機能

　広告のコミュニケーション・プロセスを分析すると，「認知（cognitive）→

感情（affective）→能動（co native）」の各段階を経て進む。広告の情報提供機能は，主に認知レベルに働きかけるものである。すべての広告は認知を目指しているが，それだけに留まることなく，何らかの意味で感情や能動への影響を意図している。

広告は，製品の成分や使用方法，安全性，価格などの情報や，法律改正を告知する政府広告などの情報を提供する。有料媒体を使った広告では，いつ，何を，どのようにいうかを，広告主の意図に沿って選択することができる。

企業は，新製品およびサービスの効用や新用途を市場に報道するために広告を用いるのである。広告によって，市場を拡大し，企業や販売員の活動を積極的に援助することにある。また，個人や市民団体は社会活動や意見を訴えるために広告を使い，政府は行政への理解を促すために広告を利用する。

つまり，広告の情報提供機能は，消費者の商品購入やサービスを買うのを助け，市場の取引を活発にしている。また，民主主義を育み，生活の質を向上させるのに大きく寄与している。

② 広告の説得機能

広告の説得機能とは，潜在的なカテゴリーニーズを顕在化し，ブランド選好や行動意図を形成する機能である。説得的コミュニケーションとしては，商品広告のほかにも，献血や寄付，リサイクル，投票などを訴える広告もある。ブランド構築のための広告は，広告主が意図したブランドの象徴的意味を受け手の頭の中につくる「意味づけ」に重点を置いている。

企業は短期的な競争環境の変化に対応して広告や製品を変えることができる。しかし，リポビタンDや正露丸のように，一貫した広告表現により，ブランドらしさを維持している例もある。

③ 広告の社会的機能

企業は，新商品およびサービスの効用や新用途を市場に報道するために広告を用いるのである。新商品を人々に知らせることによってブランドの幅を広げ，生活を豊かにする。また，反復露出することによって商品やサービスに親しみをもたせる。

| ◎広告のプラス機能 | ◎広告のマイナス機能 |
|---|---|
| 広告は選択の幅を広げ生活を豊かにする | 情報過多の社会を作り出す |
| 広告は商品やサービスに対する信頼を高める | マスメディアをコントロールする可能性がある |
| 広告は生活に潤いをもたらす | 街の景観を悪くしてしまう |
| 広告は潜在的欲望を引き出す | 広告は浪費を生み出す |
| 広告はコストを引き下げる | 消費の画一化、嗜好の均一化をもたらす |

**図 5-2　広告のプラス機能とマイナス機能**

出所）清水公一（1998：11）

　広告はそれ自身がエンターテインメント的な面をもっている。広告コピーが流行語になったり，教育的に役立つこともある。マスメディアの発達により，広告は社会的・教育的に大きな役割を果たしている。広告が伝える種々の製品や生活提言が，ファッションや生活様式の刷新を促す契機となっている。また，社会的機能としては生活水準向上機能，文化・経済発展機能などが考えられる。

④　広告の経済的機能

　広告の経済的機能は，需要創造，産業集中，流通・営業費用削減，価格低減などである。特にその機能によって大量消費を可能にし，それによって大量生産をもたらし，商品単位当たりのコストを引き下げるという機能がある。また，マスコミ媒体は広告を入れることで経営を安定させ，人々は多くのマスコミ情報を安価に入手することができるという面で，広告は経済的に貢献している。

　広告の目的とは，定められた期間に，特定の標的となる対象者に浸透させるべき特定のコミュニケーション課題である。

　広告の目的はその主要な意図，すなわち知らせることなのか，説得することなのか，または思い出させることなのかによって分類される（表5-1 参照）。知らせる広告は，新しい種類の製品の導入時に重点的に実施される。説得するための広告は，他社との競争が増大するにつれていっそう重要となり，企業は選

*126* 第2部 マーケティングミックス

**表5-1 考えられる広告目的**

---

**知らせるための広告**
- ・新製品を市場に伝える
- ・役に立つサービスについて説明する
- ・製品の新しい使用法を提案する
- ・誤った印象を正す
- ・価格の変更を市場に知らせる
- ・消費者の不安を軽減する
- ・製品の使い方を説明する
- ・企業のイメージを構築する

**説得するための広告**
- ・ブランド選好を確立する
- ・ただちに購入するよう消費者を説得する
- ・ブランドの乗り換えを促す
- ・セールス訪問を受け入れるように消費者を説得する
- ・製品の特徴に関する消費者の認識を変える

**思い出させるための広告**
- ・その製品が近い将来必要になることを消費者に思い出させる
- ・その製品はどこで買えるかを思い出させる
- ・シーズンオフの間、製品を忘れないようにさせる
- ・製品に対する認知度を維持させる

---

出所）Kotler & Armstrong（2001＝2003：644）

択的需要の創造を目指す。説得するための広告の一部は，自社ブランドと比べる比較広告へと変化してきた。思い出させるための広告は，消費者にその製品を常に思い起こさせるために利用され，成熟期にある商品にとって重要である。高額な費用をかけたコカ・コーラのテレビ・コマーシャルは知らせるためや説得のためではなく，消費者に思い出してもらうことを第1の目的にデザインしている[1]。

## (3) 広告媒体の種類と特徴

　広告媒体（advertising media）とは，広告内容の伝達のための手段・媒介物をいうが，その種類はきわめて多い。

　広告媒体は一般に次のように分類されている。

① 印刷媒体広告（新聞，雑誌）

② 電波媒体広告（ラジオ，テレビ）

③ 郵送広告（ダイレクト・メールなど）

④ 交通広告（中吊り，側面）

⑤ 店頭広告（店頭でのいろいろな広告）

⑥ 屋外広告（ネオン，看板，ポスター）

⑦ その他（折り込み広告など）

　これらのうち，新聞，雑誌，ラジオ，テレビなどのマス媒体による広告は，マスコミ（マス・コミュニケーション）広告とよばれている。マスコミ広告でも種類によって，メッセージの伝え方という点からみれば性格が異なる。また，郵送広告や店頭広告なども，マス広告ではないが，特定の人々にメッセージを伝える点では有効なメディア（媒体）である。

表 5-2　主要な媒体の種類と特徴

| 媒　体 | 長　所 | 制　約 |
|---|---|---|
| 新　聞 | 柔軟性，タイムリー，地域市場を十分にカバー，受容が広い，高い信頼性 | 短命，再生の質が貧弱，回覧する読者が少ない |
| テレビ | マス・マーケットを十分カバー，露出ごとのコストが低い，映像と音と動作との一本化，五感に訴える | 製作コストがきわめて高い，他の広告との混雑度が高い，露出がきわめて短命，視聴者の選択が困難 |
| ダイレクト・メール | 対象の選択が可能，柔軟性，同一媒体に広告競合がない，個別化 | 露出が比較的高コスト，「くずかご行き」のイメージ |
| ラジオ | 局地的な受容が多い，地理的および人口動態的に選択が可能，低コスト | 聴覚のみに訴える，露出がきわめて短命，注目度が低い（他のことをしながら聞く媒体），聴取者の選択が不可能 |
| 雑　誌 | 地理的および人口動態的に選択が可能，信頼性とプレステージ，高品質の再生が可能，長寿命，回覧する読者が多い | 企画から実施までの期間が長い，高コスト，掲載位置の保証がない |
| 屋外広告 | 柔軟性，再接触度が高い，低コスト，低競争，位置の選択が容易 | 対象の選択がほとんど不可能，製作面に限界がある |
| インターネット | 対象の選択が可能，低コスト，即時性，双方向性 | 対象が少ない，人口動態的に対象が片寄る，比較的インパクト度が弱い，対象が露出をコントロール可能 |

出所）Kotler & Armstrong（2001＝2003：655）

128    第2部　マーケティングミックス

このようにマス媒体もその他の媒体も，消費者へのメッセージの伝達の仕方という点では少しずつ性格が異なり，それぞれに特色をもっている。これらのメディア（媒体）の性格を十分に知ったうえで，それを広告の目的に応じて自由に使いこなすようにしようというのが，媒体計画である。

媒体計画に当たっては，自社の製品の性格とマス広告の関係などを十分に研究しておく必要がある。一般的に媒体の特色としては，次のように分類される。

① 　一挙に知名度をあげようと思えばテレビ

② 　説明を多く要する商品や催物などの伝達は新聞

③ 　特別のターゲットに訴えるのは雑誌や専門誌

④ 　これらの補助として，その他の広告

このように，媒体はそれぞれに特徴をもっているので，どの媒体をどのように使えば，メッセージがターゲットとする消費者に，的確にしかも効率よく届くかを十分検討して，媒体計画はつくられるのである。

## ⑷　広告の種類

広告の目的によって，広告の世界を2つのカテゴリーに分けると，商業広告（commercial adverting）と非営利広告（nonprofit advertising）に分類できる。しかしながら，実際の広告には両者の性格をもったものもあり，分類のむずかしいものもある。

### ⑴　商業広告

#### ① 消費者広告とビジネス広告

広告の対象となる市場によって分類すると，消費者市場とビジネス市場に分けることができる。前者に対応する広告を「消費者広告（consumer advertising）」，後者を「ビジネス広告（business advertising）」とよんでいる。

国家の総需要は，企業が生産のために直接，間接に投入する中間需要と，家庭やビジネスの場での最終需要からなっている。消費財市場は最終需要のなかの個人消費支出であって，本市場を対象とするのが「消費広告」である。ビジネス市場は，中間需要のすべてと最終需要のなかの設備投資や政府経常購入を

加えたもので，本市場を対象とするのが「ビジネス広告」である。

### ② 全国広告と地域広告

全国広告（national advertising）は，全国広告主が消費者に向けて行う広告で，ブランドを認めることを目的としている。たとえば，自動車，家電，食品などの製品広告がある。またカード会社，航空会社，政府などのサービス広告も全国広告である。

地域広告（local advertising）は，地域広告主が限定したエリアに向けて行うもので，直接にオフィスに来て，製品やサービスを購入してもらうのが目的である。例えば，小売広告（retail advertising）が地域広告である。その他，商店，不動産，銀行，学校，自動車ディーラー，運送などの広告がある。

### ③ 直接反応広告

ダイレクト・マーケティング（direct marketing）の有力なツールが，直接反応広告（direct-response advertising）である。具体的には，通信販売広告（mail-order advertising），ダイレクトメール（DM），カタログ，チラシなどを使って，製品やサービスの購入，資料請求，来店などの行動を促すものである。

### ④ ビジネス広告

事業所に向けて財やサービスを売る広告をビジネス広告という。

ビジネス広告には次の3つのタイプがある。

    a. 産業広告（industrial advertising）　生産に直接，間接に投入する財（原材料，部品，産業機械など）やサービスの広告である。

    b. 流通広告（trade advertising）　流通広告は小売店の協力を得ることを意図して，メーカーが問屋，小売店，代理店などの流通業界に向けて行う広告である。

    c. 専門家広告（professional advertising）　教師，医師，建築士，技術士などに自社製品を推奨してもらうことを目的としている。

### ⑤ その他

    a. 一次需要広告　各メーカーの製品ではなく，製品カテゴリーを訴えた広告のことをいう。たとえば，農協は米を食べることを勧める広告キ

ャンペーンや，ミカン，牛乳の一次需要を拡大する広告を行っている。

b. 双方向型広告（interactive advertising）　消費者がオン・ディマンド（on-demand）で広告情報を入手できる。

## (2) 非営利広告

### ① 公共福祉広告（public service advertising）

日本では公共広告機構，アメリカでは広告協議会（Advertising Council）が，公共福祉広告を扱っている。広告のテーマは社会福祉，教育，省資源，環境問題，犯罪防止，禁煙，火災防止などである。

### ② 政府広告（political advertising）

政府の方針を市民に理解してもらう広告や選挙の候補者の広告を政治広告という。日本では政治家が広告を自由に使うことができないが，アメリカでは政治広告の規制が緩いので大統領選挙や議会選挙では大量の広告を用いている。

### ③ 意見広告

市民団体や個人，企業が社会的に論議を呼んでいる問題について意見を述べるものである。たとえば，日本の市民団体が，原子力発電への反対意見をアメリカの新聞に載せたことがある。日本で意見広告は珍しいが，アメリカでは日常的に見ることができる。本広告は有料であるが，報道や出版物と同様に，憲法が保証した「表現の自由」のなかに含むものと考えられている。

## (3) 企業広告（corporate advertising）

企業が顧客，地域住民，取引関係者，株主，金融機関，マスコミ，政府，議会などに向けて行う広告のことをいう。製品やサービスの販売を目的としない広告を除いては明確な定義がなく，商業広告に含めた方がよい広告も多い。

企業広告には，次のようなタイプがある。

a. 企業イメージ広告　　自社の規模や業績，技術やサービス，従業員の声などを訴える広告である。

b. CI広告　　企業理念，社名やロゴタイプ，コーポレートカラーを伝えることを目的としている。

c. IR広告　　株主や潜在的な投資家に，業績に関する正確な情報を提供することを目的としている。

d. 唱道広告（アドボカシー・アド）　　論争になっている問題について企業の見解を述べるものである。

## 3．販売促進

### (1) 販売促進の意義と目的

　ここでは，限定された意味（狭義）で販売促進（sales promotion）を考察の対象としたい。狭義の販売促進は，ふつう販促活動またはSPとよばれている。販売促進は，製品やサービスの購入および販売を促進するための短期的な動機

表5-3　広告の種類

| 機能別分類 | 1．短期直接行動広告<br>2．長期直接行動広告<br>3．間接行動広告 | コミュニケーション・スペクトル別分類 | 1．知名広告<br>2．理解広告<br>3．確信広告<br>4．行動広告 |
|---|---|---|---|
| 広告地域別分類 | 1．全国広告<br>2．ブロック広告<br>3．小売広告 | 広告媒体別分類 | 1．新聞広告<br>2．雑誌広告<br>3．ラジオ広告<br>4．テレビ広告<br>5．屋外広告<br>6．交通広告<br>7．映画・スライド広告<br>8．ダイレクト・メール（DM）広告<br>9．新聞折込広告<br>10．その他の直接広告<br>11．POP広告<br>12．特殊広告<br>13．CATV・BS・CS広告<br>14．インターネット広告<br>15．その他の広告 |
| 広告対象別分類 | 1．消費者広告<br>2．産業広告<br>3．流通広告<br>4．専門広告<br>5．農業広告 | | |
| 広告訴求内容別分類 | 1．商品広告<br>2．企業広告<br>3．商品・企業折衷広告 | | |
| 広告訴求のタイプ別分 | 1．感情広告<br>2．理由広告 | | |
| 需要別分類 | 1．基本的需要広告<br>2．選択的需要広告 | 商品ライフ・サイクル別分類 | 1．導入直前期広告<br>2．導入期広告<br>3．成長期広告<br>4．成熟期広告<br>5．衰退期広告 |
| 印象・説得別分類 | 1．印象広告<br>2．説得広告 | | |

出所）清水公一（1998：15）

づけであり，直接的で即効性のある需要喚起の方策である。

　販売促進の対象は，最終購買者（対消費者プロモーション），企業顧客（対企業プロモーション），小売業者や卸売業者（対流通プロモーション），営業マン（対社内向けのプロモーション）である。また販売促進の手段は，生産者，卸売業者，小売業者，同業組合，そして非営利組織を含む大半の組織によって利用されている。

　販売促進の目的はきわめて多岐にわたる。対消費者プロモーションは，短期的な売上増加や長期的な市場シェア獲得の手段として行われる。対流通プロモーションは，小売業者が自社の製品をより多く扱ってくれることや，より多くの販売スペースを割いてくれることなどにある。対営業マンプロモーションは，既存製品や新製品を推奨する意欲を高め，新規の顧客との契約を促すことなどがあげられる。

## (2)　販売促進手段

### ①　消費者向け販売促進

　対消費者プロモーションは，直接的に消費者の購買行動を刺激するために行われる。そのうち短期的な売上増加を狙った主な販売促進は次の通りである。

　a.　値引き　　　製品の通常価格を値下げするものであり，値引き価格は，メーカーがラベルないしパッケージに直接表示している。安さで消費者を刺激する方法は，短期的に販売を刺激するためにはきわめて有効であるが，常態化すると，消費者が安売りに慣れてしまい，売上増加効果が薄れていく。

　b.　クーポン　　　特定の製品の割引券や無料券である。クーポンは成熟期のブランドの購買を刺激したり，新しいブランドの初期購買を誘引したりすることができる。ホームページに掲載されているものやチラシなどに印刷されたもの，カード状のもの，電子クーポンなどがある。値引きと同様，多用すると効果が薄れる。

　c.　サンプル　　　消費者への試供品の提供である。販売されている商品の少

量パックを無償で配布して購買意欲を高めることを目的に行われる。サンプルは新製品を市場に導入する最も効果的な方法であり，同時に最もコストのかかる方法でもある。消費者の手に渡す方法は店内で手渡す，広告の際に提供する，他の製品に添付する，戸別訪問や郵便で配るなど，様々である。

d．プレミアム（景品）　　製品購入のインセンティブとして無料，あるいは低価格で提供されるもので，景品に魅力を感じる消費者の購買を誘う。プレミアムはパッケージのなかに入れられたり，外に添付されたり，あるいは郵送されたりする。購買を誘う効果はあるが，景品の製作コストがかかる。

e．POP 広告　　購買，あるいは販売の現場で実施されるディスプレイやデモンストレーションのことをいう。商品の良さやこだわりなどの情報を伝達できる効果があるが，作成に手間がかかる。

f．コンテスト　　消費者にアイディア，コマーシャルソング，クイズの答えなどへの応募を求め，審査員により最優秀賞を選ぶというものである。消費者に金銭，旅行，賞品などを勝ち取るチャンスを与えるプロモーションイベントである。

g．その他　　スタンプ販売，レイアウト，ショールーム，デモンストレーション，展示会，各種イベント，消費者教育などがある。最近ではカードを利用したサービスやニューメディアの新しい利用方法も開発されつつある。

② **流通業者向けの販売促進**

a．資金的援助　　販売店の商品仕入れのための資金余力が小さい場合や新しく取引を開始する場合などに行われる支払猶予，長期的取引にともなう累積的な数量割引，協力的な販売店に対する愛顧割引などである。さらに，新規出店や店舗の改装のための信用供与，商品の保管や貯蔵のための設備資金の貸付けもある。

b．物的援助　　様々な販売用具の供与や貸与が行われている。消費者の商

品選択は，ディスプレイの良し悪しにかかわることが多いため，各メーカーとも店頭で顧客の目を引きつける器材を提供し，販売店における自社製品の売上げのシェアを高める努力をしている。

c．人的援助　　直接店頭に立って販売店の従業員の代わりを務める派遣店員と，定期的に販売店を巡回して情報を提供し，要望を汲み取るミッショナリー・セールスマンがある。

d．ノウハウおよびシステムの提供　　多くの情報と経営のノウハウを蓄積しているメーカーが，自社の商品を取り扱っている販売店の経営指導に当たっている。経営指導には，販売方法の指導，在庫管理の改善，会計制度への助言，商品情報の提供，消費者情報や競合店情報の提供などがある。

③　社内向けの販売促進

社内の販売促進の重点は，販売部門，広告部門，PR 部門，製品計画部門および市場調査部門などのすべてのマーケティング部門間の調整と営業マンのバックアップ体制におかれる。そのために，実際に役立つマニュアルづくりやパンフレットの制作が必要である。


## 4．パブリシティと広報

### (1)　パブリシティの意義

自社に有利な情報を，新聞やテレビなどの報道機関に提供し，記事やニュース番組のなかで報道してもらうことをパブリシティという。パブリシティは第三者の目でスクリーニングにかけられ，ジャーナリストの立場から報道される企業情報であり，原則として無料である。なかには，報道機関が独自に取材してニュースにするパブリシティもある。

パブリシティは，一般大衆にとって，公正，中立な報道であるとの印象をもって受け入れられる傾向が強く，企業のイメージ・アップをはかる強力な武器となりうる。したがってパブリシティは，企業あるいは当該商品と消費者との接触機会の増大とそれによる理解の促進に必要欠くべからざるプロモーション・ツールのひとつである。

## ⑵ 広報の意義と方法

　広報（public relations）は，個人または企業その他の組織体が，その関係者と友好関係を保つことを意図するコミュニケーション活動である。PR という言葉は，1802 年にアメリカの第 3 代大統領トーマス・ジェファーソン（T. Jefferson）が教書のなかで採用したのが始まりとされる。調整のための「民主的な対話や相互理解」という意味をもっている。20 世紀初頭のアメリカにおいては，大企業が労働組合や世論からの批判に対応する目的で PR を実施した。広報が日本に本格的に導入されたのは，1940 年代後半である。この時期に官庁や自治体に広聴（意見を聞く）と広報（政策などを知らせる）を実施する部署が設置された。

　その後，高度成長期には企業による「ピーアール」は販売技術として利用されるようになった。1970 年代には公害や欠陥商品などによる企業批判が高まるなかで，企業の社会的責任（CSR）を遂行する一手段として「広報部門」を設置する企業が増えた。80 年代のバブル経済とその崩壊によって広報の重心が移動してきたが，現在は「多様な利害関係者とコミュニケーション」という意味での広報が，ますます重要になってきている。

　企業による広報の対象は，株主，従業員，顧客，消費者，企業の所在する地域または一般社会の人々，取引業者，政府や地方行政機関である。これらの様々な対象に，企業は理解と好意を得るために何を公にすることができるかである。すなわち，顧客や消費者に対しては生活関連情報を中心に，従業員や株主，取引業者には経営や資産の内容を，一般社会の人々と政府に対しては社会的貢献について理解が得られるよう働きかけることができる。

　広報活動を行うに当たっては，まず企業理念，企業の哲学が確立していなければならない。この企業理念に従って企業活動が営まれていることを示すのが広報である。広報は，新聞，雑誌，テレビ，ラジオなどのマス媒体による報道やニュースによる紹介，マスコミ広告，展示会，博覧会，有価証券報告書，株主総会，PR 誌，パンフレット，ポスター，映画，文化事業，教育，研究援助などによって行われる。これらの活動を通じて一般大衆の企業に対する反応を

探り，疑問に答えるために，コミュニケーションの場とフィードバック・ルートをつくり上げておかなければならない。

## 第4節　コミュニケーションのニューメディア

### 1　インターネット広告

#### (1)　インターネットとは

インターネットとは「ネットワークのネットワーク」を意味しており，グローバルなコンピュータ同士のネットワークのことである。つまり，コンピュータを介した世界共通のコミュニケーションを可能にしたのがインターネットである。インターネットのコミュニケーション・メディアの特徴のひとつはその相互交通性とグローバル性であろう。

いまや，インターネットは，私たちの日常生活に欠かせないインフラストラクチャーとしての機能を果たすようになった。特にインターネットの日常生活への浸透に決定的なインパクトを与えたのは，ブロードバンドの普及と3Gの携帯電話の普及である。

#### (2)　インターネット広告の普及

インターネット広告費は，毎年増加している。そして，マスメディア広告の地位をおびやかすと同時に，これまでのマスメディアと連動して新しいコミュニケーションの方法を提供している。インターネット広告には，① ウェブ広告，② メール広告，③ ペイドリスティング広告[2]，④モバイル広告，⑤インターネットCMなどがある。

インターネット広告の強みのひとつはオーディエンスとの広告接触や反応をネットの仕組みを利用して測定できる点にある。通常のマスメディア広告ではキャンペーンの後で，消費者自身に尋ねることでしか測定できない。それに対して，インターネットはより客観的な指標データを入手できるという，これまでのマス広告とは異なる特性をもっている。

第5章　プロモーション戦略　*137*

　インターネット広告が普及してきた理由は，テレビ CM の時間的制約・テレビや新聞の媒体費の制約がなく，自社のホームページで管理できるなど便宜性が高い点にある。

　インターネット広告による成功事例としては，桃屋が 2009 年 8 月に発売した「辛そうで辛くない少し辛いラー油」がある。CF オンエアから 2 週間しか経たないのに「品薄のお詫び」を発表した。ご飯にラー油を盛るという珍しさが受け，飛ぶように売れたのである。翌年 3 月にはエスビー食品が「ぶっかけ！おかずラー油」を発売した。焼き肉チェーン牛角や，モスバーガーでもラー油による商品が発売され，ブームが続いた。その後，ネット上では手づくりで同じようなラー油をつくる方法があちこちにアップされた。

　この事例の場合，バズマーケティング[3]によって成功を収めたといえる。バズマーケティングは，ブログを媒体として行われる。ブログの多くは個人が発信するものであるが，その個人に信頼がもてれば読者はその人が推薦するものを買ったり使ったりしたくなるはずである。ブログは読者と書き手の互いの顔が見えるメディアであるので，商品の売買に進む。また，ブログには RSS[4]という仕組みがあるが，新しい記事が出ると RSS を受ける人に自動的に記事の内容が告知される。これが筆者と読者の信頼関係を構築する手段となっている。ネット環境が整うことによって，バズマーケティングが効力を発揮することとなる。

　しかしながら，売れ行き予測が立てにくいことや告知を終了しにくいことなど，バズマーケティングにも弱点がある。爆発的な売上げとなったとき，生産が追いつかない。また，増産体制を整えたときにはブームが終わってしまうこともある。バズマーケティングのむずかしいところである。

## 2　フラッシュマーケティングとクロスメディア戦略

### (1)　フラッシュマーケティング

　インターネット広告は，1990 年代のバナー広告から大きく発展し，フラッシュ[5]などを用いて非常にリッチなコンテンツを提供している。

*138*　第2部　マーケティングミックス

　近年，フラッシュマーケティング[6]が注目を集めている。フラッシュマーケティングとは，一瞬で売り切るという意味から，大幅な割引料金でモノやサービスが買えるクーポンを，時間を限定してネット上で販売する手法を指している。ソーシャルメディア普及で，いますぐ行動を起す必要があると思わせる情報を提供しやすくなったため登場してきた。

## (2)　クロスメディア戦略

　クロスメディアという用語には，日本独特のニュアンスが込められている。本来クロスメディアとは，あるメディアでつくられたコンテンツを別のメディアに移行することを意味していた。しかし日本では，インターネットを組み込んだ広告戦略としてクロスメディアという用語が用いられている[7]。クロスメディアの形式として，検索ワードを広告のなかで示し，それを検索するように消費者に促す広告表現がある。その特徴は，インターネットをカギにして広告戦略を組み立てている点にある。クロスメディア戦略の重要な狙いは自社のウェブサイトに消費者を呼び込む点にある。

　クロスメディア戦略は，携帯電話，自動車，観光，航空，金融などの商品分野において，より必要な戦略になっている。

---

**注**

1）詳しくは，コトラー，P.，アームストロング，G. 著（2001＝2003：642-649）
2）インターネットで消費者が検索すると検索結果ページに連動して表示される広告のこと。
3）Buzz marketing　口コミを利用したマーケティングのこと。バズとは，人々が噂話でざわめいている状況を表す語。
4）ブログなど各種のウェブサイトの更新情報を配信するフィードの一種。
5）Flash　ウェブ上で動く簡単なアニメーションから，高度な業務アプリケーションまで作成できるアドビシステム社開発のソフトウェアとその規格。
6）Flash marketing　『現代用語の基礎知識2011』自由国民社，pp.566-567　飲食店やエステサロン，レジャー施設などの割引クーポンの販売予約を専用サイトで行い，時間を切って購買者を募る。希望者が規定人数集まれば，割引クーポンが販売され，集まらなければ流れてしまう。時間制限があり，人数が集まらないと

買えないために，希望者はソーシャルメディアを使って積極的に情報発信し，一緒に買う人を探すことになる。この手法はクーポン共同購入とも呼ばれる。アメリカでこの方法を開発した Groupon（グルーポン社）は日本ではクーポッドというサイトを運営しているが，ほかにもピグ，カウオン，ポンパレード，ピタチケットなど様々なサイトがフラッシュマーケティングを行っている。

7 ）詳しくは，岸志津江・田中洋・嶋村和恵（2008：340-341）

### 📚 参考文献

Kotler P. & G. Armstrong（2001）*Priciples of Marketing*, 9th ed., Prentice-Hall, Inc.（和田充夫監訳，2003『マーケティング原理（第 9 版）』ダイヤモンド社）

ダイヤモンド社編・つなぶちようじ（2011）『マーケティング（新版）』ダイヤモンド社

池尾恭一・青木幸弘・南知恵子・井上哲浩（2010）『マーケティング』有斐閣

亀井昭宏・疋田聰編著（2005）『新広告論』日経広告研究所

亀井昭宏・ルディ和子編著（2009）『新マーケティングコミュニケーション論』日経広告研究所

岸　志津江・田中　洋・嶋村和恵（2008）『現代広告論』有斐閣

木綿良之・懸田豊・三村優美子（1999）『現代マーケティング論（新版）』有斐閣

西田安慶（1998）『現代マーケティング論（増補版）』弘文社

──(2006)『新現代マーケティング論─地場産業のマーケティング戦略』弘文社

清水公一（1998）『広告の基本』日本経済新聞出版社

沼上幹（2008）『マーケティング戦略〔新版〕』有斐閣

嶋口充輝・和田充夫・池尾恭一・余田拓郎（2004）『マーケティング戦略』有斐閣

嶋村和恵監修（2006）『新しい広告』電通

和田充夫・恩蔵直人・三浦俊彦（2006）『マーケティング戦略〔第 3 版〕』有斐閣

八巻俊雄・梶山皓（1995）『広告読本』東洋経済新報社

# 第6章　流通チャネル戦略

## 第1節　流通チャネルの概念と類型

### 1　流通チャネルの概念

　生産者もしくは製造業（メーカー）によって作られた商品も，消費者に届いて消費もしくは使用されなければ価値を生まない[1]。

　流通チャネルとは，商品がメーカーから消費者まで届くまでの経路をいう。多くのメーカーは消費者に直接販売することをせずに，卸売業や小売業などの流通業者に消費者への販売を任せる。そうすることによりメーカーは生産に特化することができ，効率化や規模の経済を得ることができる。さらに商品の流通を流通業者に任せることにより流通費用（流通コスト）も削減することができる。

　なぜ流通費用を削減できるかといえば次のことから説明できる。メーカーと消費者がそれぞれ6社（人）ずつおり，直接取引をすると取引数は$6 \times 6 = 36$となる。たとえばメーカーと消費者の間に小売業が1店舗介在し，メーカー6社ならびに6人の消費者と取引すると取引数は$6 + 6 = 12$となり，取引数は1/3に削減される。取引数が削減されるだけでなく，メーカーは6人の消費者に直接販売する必要がなく，また逆に消費者6人はそれぞれのメーカーのところまで買いに行く必要がない。メーカー6社がそれぞれの消費者のところまで売りに行く必要もしくは消費者6人がそれぞれのメーカーのところまで買いに行く必要がなくなるだけでなく，メーカーは取引費用が削減されるため直接取引する場合よりも少ない単位で売ることができ，逆に消費者は少ない単位で買うことが可能となる。流通費用が高い場合には一度に大きな単位で売った

り買ったりしないと流通費用を賄うことができない。仮に宅配便を利用するとしても，少ない単位で売ったり買ったりした場合には輸送費が高くなってしまう。すなわちメーカーと消費者が直接取引した場合には流通費用が高くなることが多く，多くのメーカーは商品の流通に流通業者を利用する。さらに小売業にいつでもメーカー6社の商品が品揃えされていれば，消費者は必要なときに必要な量だけ買うことができるというメリットがある。

近年はインターネットの普及により，メーカーと消費者の直接取引が増加しているが，最寄品は即座に必要とすることが多いため，消費者が小売業において買い物することが多い。そうであれば流通業者は小売業だけで充分であり卸売業は必要ないと考えるかもしれないが，日本全国には1億2千万人の人が全国津々浦々に住んでいる。小売業は全国に住んでいる消費者に売るために，やはり全国に立地していなければならない。メーカーは規模の経済を得るために限られた工場において大量生産している。小売業は各消費者に対し，商品を1個，2個という単位で販売するためメーカーと直接取引するほどの数量を仕入れることができるのは大規模小売業に限られる。すなわちメーカーと全国に立地している膨大な数の小売業が直接取引することもやはり効率が悪く，メーカーと小売業の間に卸売業が介在して流通の効率化を図っている。

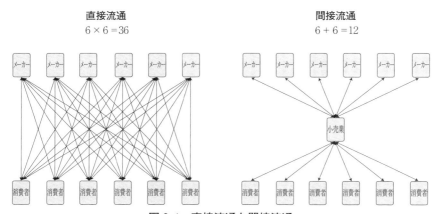

図6-1　直接流通と間接流通

## 2 流通チャネルの類型

　流通チャネルは大きく3種類に分類することができる。①はメーカーから消費者に直接商品が渡るチャネルである。野菜等を生産者がトラックに積んで売りに歩くという方式がこれに該当する。さらに近年は宅配便ならびにインターネットの普及によりメーカーと消費者が直接顔を合わせることなく販売することができるようになってきている。その代表例はデルによるパソコンの直接販売である。

　②はメーカーと消費者の間に流通業者としての小売業が介在するチャネルである。スーパーマーケットに地元の豆腐店，パン店等が納入する例である。イオンや平和堂などは一部の商品についてメーカーと直接取引しており，これに該当する。

　③はメーカーと消費者の間に流通業者としての卸売業と小売業が介在するチャネルである。消費財の多くはこのチャネルを経由する。なお卸売業が1段階でなく，2段階，さらに3段階に分かれることもある。

　3つの流通チャネルのなかで，①を直接流通，②と③を間接流通という。

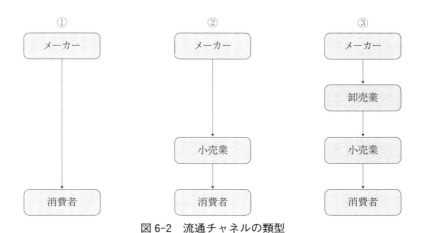

図 6-2　流通チャネルの類型

## 第2節　メーカーの流通チャネル政策

### 1　業種ごとの流通チャネル

　商品は業種ごとに流通チャネルが一定であると思われているが，実際には同じ業種であってもメーカーによって流通チャネルが異なることがある。そこで本項では様々な業種の流通チャネルを学んでいく。

#### (1)　ビール

　ビールの流通チャネルは基本的にどのメーカーも，ほぼ同じ流通チャネルである（図6-2の③）。卸売業が1段階でなく2段階となることもある。ビールの流通に関しては，30年程度前まではビールメーカーごとに取引する卸売業が特約店として定められており，基本的に酒類卸売業はひとつのビールメーカーとだけしか取引することができなかった。そのため酒販店が4社すべてのビールを取り扱いたい場合には，4つの酒類卸売業と取引しなければ4社すべてのビールを品揃えすることができなかった。現在でも酒類卸売業ごとに特約店となっているビールメーカーは異なるが，4社すべてのビールを取り扱うことができるように変わってきた。食品メーカーは取引している卸売業のことを特約店とよぶことが多い。

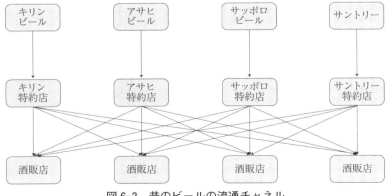

図6-3　昔のビールの流通チャネル

## (2) 清涼飲料

　清涼飲料の流通チャネルはコカ・コーラならびに伊藤園の直接流通チャネルである②と，それ以外の間接流通チャネルである③に分かれる。直接流通チャネルといっても，消費者と直接取引するわけでなく，卸売業を通すことなく小売業と直接取引する流通チャネルである。コカ・コーラと伊藤園は小売業と直接取引することにより，小売業における品揃え，販売方法等についてメーカーの意向を活かすことが他メーカーよりも容易であり，そのことがコカ・コーラの同市場シェアが１位，伊藤園の同５位につながっている。清涼飲料市場への参入が遅かった伊藤園がシェア５位を確保しているのは，小売業と直接取引することによる小売業への影響力が大きいことを示している[2]。

## (3) パン

　山崎製パン，敷島製パン（パスコ），フジパンといった大手製パンメーカーは，小売業と直接取引する②の流通チャネルである。なぜなら，パンは消費期限が短いため卸売業を経由して小売業に流した場合，卸売業を経由した期間だけ消費期限が短くなり販売期間も短くなってしまうからであり，パンメーカーと小売業が直接取引することにより小売業まで配送している。

## (4) 衣料用洗剤

　日用雑貨である衣料用洗剤に，花王とそれ以外のメーカーで流通チャネルが異なっている。花王は卸売業を販社として系列化しているが，ライオンやP&Gといったメーカーは卸売業を系列化していない流通チャネルを採用している。またP&Gはイオンや平和堂といった取引規模の大きな小売業とは卸売業を経由することなく直接取引している。花王とライオンは③の流通チャネル，P&Gは②と③の流通チャネルである。非食品メーカーは取引している卸売業を代理店とよぶことが多い。

## (5) 化粧品

　化粧品の流通チャネルは大きく3つに分類される。ひとつめは資生堂，コーセー，花王といった制度品メーカーの流通チャネルで，卸売業を販社として系列化し，自社製品のみを取り扱う卸売業とし，小売業へと製品を流している。2つめはマンダム，ジュジュ化粧品，クラブコスメチックスといった一般品メーカーの流通チャネルで，他の化粧品メーカーの化粧品も取り扱うことができる一般卸売業を通して製品を流している。3つめは日本メナード化粧品，ポーラ，オルビス，ノエビアといった訪問販売メーカーならびに，ファンケル，再春館製薬所，DHCといった直販メーカーで，メーカーから消費者に直接販売している。最近はファンケル，DHCといった通信販売メーカーもスーパーマーケット，ドラッグストア，コンビニエンスストアといった小売業を利用して販売したり，直営店舗を展開したりしている。制度品メーカーと一般品メーカーの流通チャネルは③であり，訪問販売メーカーと直販メーカーの流通チャネルは①である。

　化粧品は制度品メーカーが，卸売業を販社，小売業を系列化粧品店として系列化していることにより市場シェアが高い。

## (6) 大衆医薬品

　薬局ならびにドラッグストアで販売される医薬品の流通チャネルは大きく3つに分類される。ひとつめは武田薬品工業，第一三共，田辺三菱製薬といった新薬メーカー，ならびにロート製薬，久光製薬，龍角散といった家庭薬メーカーは，卸売業を通して医薬品を流している。新薬メーカーとは，薬局ならびにドラッグストア向けの医薬品より病院で使用される医薬品を主力とするメーカーである。2つめは大正製薬，エスエス製薬，佐藤製薬といった直販メーカーであり，卸売業を通すことなく薬局ならびにドラッグストアと直接取引している[3]。昔からの薬局には，大正製薬，エスエス製薬，佐藤製薬のマスコットが置かれていたことからも，メーカーと薬局の緊密さがわかる[4]。3つめは近年なくなっているが，富山の薬売り，中京医薬品，富士薬品といった配置薬メー

*146* 第2部 マーケティングミックス

カーで，直接各家庭に医薬品を販売している[5]。新薬メーカーと家庭薬メーカーの流通チャネルは③であり，直販メーカーは②であり，配置薬メーカーは①である。

## 2 メーカーの流通チャネル政策

6つの業種におけるメーカーの流通チャネルの類型をみてきたが，間接流通チャネルでは，卸売業や小売業という流通業者が介在している。これらの業種のなかには，昔のビールの流通チャネルのように，卸売業は特定のビールメーカーのビールしか取り扱うことができないというチャネルがあり，花王や化粧品の制度品メーカーのチャネルのように卸売業を販社化し，取り扱うことができる卸売業を限定していることがある。

家電においては衰退傾向にあるものの，現在でも街の電器店と呼ばれる家電メーカーの系列電器店となっている小売業も存在している。

不二家，シャトレーゼといった洋菓子メーカーは小売業とフランチャイズ契約を結び，自社製品のみを販売するチャネルを構築している。すなわちメーカーによって，同社製品を取り扱うことができる卸売業ならびに小売業を限定していることがある。そこでメーカーが取引する流通業者の数を多く（広く）するか，少なく（狭く）するかによってメーカーの流通チャネル政策を分類することができる。

### (1) 開放的流通チャネル

開放的流通チャネルは，メーカーが自社製品をできる限り多くの流通業者に取り扱いできるようにするチャネルである。食料品ならびに日用雑貨といった購買頻度の高い最寄品メーカーは開放的チャネルを採用することが多い。最寄品は比較的，商品の品質が消費者に浸透しており，販売に関して説明等の必要がなく，消費者は必要な時にすぐに買うことができることを望むため，開放的チャネルが採用されることが多い。

最寄品は，いかに多くの小売業で取り扱ってもらえるかが売り上げや市場シ

ェアに直結するため，多数の小売業に取り扱ってもらうために，その小売業に製品を流してくれる卸売業者数も多くなる。すなわち自社製品を取り扱いたいと希望する流通業者のほぼすべてに取り扱いできるようなチャネルであることから，開放的流通チャネルとよばれる。

### (2) 選択的流通チャネル

選択的流通チャネルは，メーカーが自社製品を取り扱うことができる流通業者を一定程度限定するチャネルである。販売する際に商品説明を必要とする化粧品，ファッション性のあるアパレル製品，ならびに故障した場合に修理を必要とする家電製品といった買回品で採用されることが多い。これらの製品は店頭での商品説明が売り上げに大きな影響を及ぼすため，流通業者がメーカーの意向を一定程度汲み取って販売する必要があるからである。

### (3) 排他的流通チャネル

排他的流通チャネルは，特定の地域において，あるメーカーの製品を取り扱うことができる流通業者をごく少数に限定し，他の流通業者には取り扱わせないというチャネルである。このチャネルは自動車や高級ブランド商品といった専門品で採用されることが多い。専門品はそのブランド価値が非常に大切であり，その価値を正確に消費者に伝達してくれる流通業者とのみ取引する。排他的流通チャネル内の流通業者は，他の流通業者が同様の製品を取り扱うことができないこと，ならびにメーカーから様々な支援が受けられるというメリットがある。

## 3 メーカーによる流通系列化政策

1でみてきたように，同じ業種であってもメーカーごとに流通チャネルが異なっていることがある。さらにメーカーが流通業者を自社の製品のみを取り扱うように組織化したり，系列化していることがある[6]。

### (1) 卸売業の系列化

花王ならびに化粧品の制度品メーカーは卸売業を販売会社（販社）とし、自社に有利な流通チャネルを構築している。花王は花王グループカスタマーマーケティング、資生堂は資生堂販売、コーセーはコーセー化粧品販売という販社を通して製品を流している。資生堂は戦前の1927年に販社制度を採用した。

日用雑貨業界で卸売業を系列化している花王はトップシェアをもっているメーカーであり、系列化が市場シェアに大きな影響を与えている。

### (2) 卸売業と小売業の系列化

メーカーが卸売業だけでなく小売業も系列化していることがある。化粧品の制度品メーカーは街の化粧品店を、資生堂はチェインストア、コーセーはコーセーリングストア、という名で系列化している。

資生堂は戦前の1923年にチェインストア制度を開始している。さらに同社は1937年に消費者を組織化するための花椿会（現在の花椿CLUB）を発足している。同会員には「花椿」という会報を発行し、資生堂の化粧品を愛好する消費者を囲い込んでいる。家電メーカーも卸売業を系列化し、小売業を系列化し

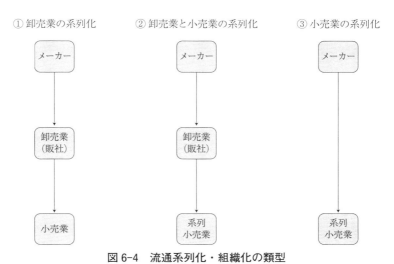

図 6-4　流通系列化・組織化の類型

ている。

化粧品業界では，卸売業と小売業を系列化しているメーカーが複数存在しているが，資生堂がトップシェアを確保しているのは，戦前から系列化を行ってきたことが大きく影響している。家電業界ではパナソニック（2008年10月に松下電器産業から社名変更）も系列電器店が他メーカーよりも多いことが，トップシェアにつながっている。

### (3) 小売業の系列化

自動車メーカーは，販売店をディーラーとしてフランチャイズ契約を結び，系列化している。

洋菓子メーカーである不二家，シャトレーゼ等も小売業とフランチャイズ契約を結び，自社製品のみを販売する流通チャネルを構築しており，系列化の一例である[7]。

## 4 メーカーによる流通チャネル管理

同じ業種であっても，メーカーごとに流通チャネルが異なることがあり，さらにメーカーにより流通系列化を実施していることがある。そのためメーカーは流通チャネルを管理するために流通業者を管理・統制する必要がある。メーカーが資本の異なる流通業者を管理するための能力をチャネルパワーとよび，次の5つがある（コトラー＆ケラー　2009：601-602）

### (1) 強制パワー

強制パワーとは，流通業者がメーカーに協力的でないときに，メーカーが当該流通業者に出荷制限ならびに取引契約を打ち切るというパワーである。小売業の安売りに伴い，古くは家電メーカーと総合スーパー，近年では化粧品メーカーと化粧品のディスカウントストアの間で出荷停止ならびに取引契約の打ち切りが行われたことがある[8]。

強制パワーではないが，以前はスーパー等で安売りのチラシが入るとメーカ

*150* 第2部 マーケティングミックス

ーが開店時刻と同時に安売り商品を買い占めてしまい，安売りさせないということも行われていた。

この強制パワーは，一時的には有効であるが，流通業者からの対立（チャネルコンフリクト）を生むことになり，長期的には行使しない方が良いパワーである。


(2) 報酬パワー

報酬パワーとは，流通業者がメーカーからの目標を達成したとき等にリベート等を供与することにより，流通業者からの協力を得ようとするパワーである。

昔は販売数量目標まであと少しというときにリベートをもらうため，リベート算定期間終了直前に多く仕入れるということが行われていた。しかしながら，多く仕入れた商品を売り捌くために安売りすることになり，結果的にリベートを得ても流通業者が利益を得ることができるとは限らない。またメーカー側もリベートが安売りの原資に利用されることがわかってきているため，報酬パワーとしてのリベートは減少している。


(3) 正当性パワー

正当性パワーとは，流通業者がメーカーの要望に沿うことを求めるときに行使されるパワーである。メーカーと流通業者との取引契約書に基づいて流通業者に作業等を行うことを求めるものである。

しかしながら，メーカーと流通業者との契約が長期間になるほど取引契約書に記載されていることが守られなくなっている。


(4) 専門性パワー

専門性パワーとは，メーカーが流通業者よりも専門的知識をもっている場合に発揮されるパワーである。メーカーは自社製品を開発した企業であるため，製品に関する専門知識は流通業者より多く，特に化粧品や家電等においてはメーカーの専門知識は流通業者よりも多くて深い。化粧品メーカーによる百貨店

や街の化粧品店への美容部員（ビューティーカウンセラー）の派遣，アパレルメーカーによる百貨店への派遣店員の派遣，家電メーカーによる家電量販店への派遣販売員等はその代表例である[9]。

### (5)　関係性パワー

　関係性パワーとは，メーカーが流通業者から尊敬されており，流通業者がメーカーとの関係に誇りをもっている場合に発生するパワーである。家電メーカーの創業者の偉大さを信望している系列電器店が，そのメーカーの流通チャネルに留まること等である。

　このようなメーカーによるチャネルパワーは，流通業者を系列化できている場合には効果が高いが，系列化できていない場合には大きな効果をもつことはない。なぜなら系列化できている場合には，流通業者の仕入先は当該メーカーに限られるため，メーカーと対立した場合に商品の仕入れに支障をきたしてしまうが，系列化できていない場合には他メーカーから商品を仕入れることができるからである。すなわち流通業者による当該メーカーへの購買（仕入）依存度が高い場合に限り大きな効果を発揮することができる。

## 第3節　小売業による調達チャネル政策

　戦前はメーカーも小売業も大規模企業が少なかったために卸売業が流通チャネルに大きな役割を果たしていたが，戦後になるとメーカーが大規模化することにより，メーカーによる流通チャネルの構築が行われるようになった。1950年代中頃に誕生したスーパーマーケット企業が，1970年代になり大規模小売業となり，さらに1970年代に誕生したコンビニエンスストア企業が加盟店（フランチャイジー）を増やし大規模小売業になるのに伴い，小売業が力をもつようになり，小売業が流通チャネルの主導権を握るように変わってきた。

　これまでの流通チャネルは業種別さらにはメーカー別の流通チャネルであったが，スーパーマーケットが大規模な店舗を展開し，取扱商品分野を拡大する

のに伴い，商品ごとに違った卸売業から商品が配送された場合，店舗での荷受け作業の負担が大きくなるため，大規模小売業は自社に都合の良い調達チャネル，配送を志向するようになった。図6-5をみるとそれほど非効率でないように思われるが，各店舗にはそれぞれの卸売業から個別に配送されてくるため，荷受け作業に多くの時間と人手を取られてしまい効率が悪い状況であった[10]。

セブン-イレブンが出店を始めた1974年には同店舗に配送するトラックは1

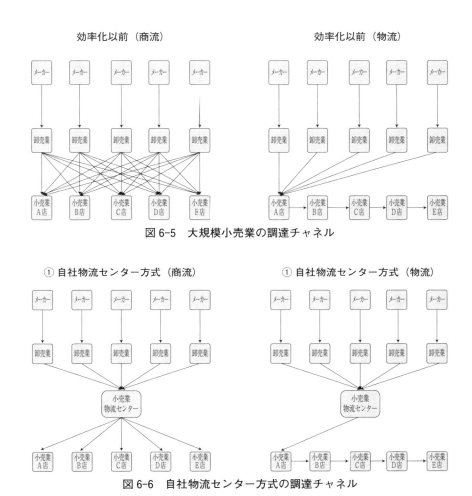

図6-5　大規模小売業の調達チャネル

図6-6　自社物流センター方式の調達チャネル

日に70台であったが，本部による調達チャネル政策の効率化により現在は約9台にまで減少している。70台のときには，1時間当たり平均3台の配送トラックが店舗にきて商品を降ろしており，その度に店舗側は受け取りと検品を行わなければならず，受け取り等に関する人件費負担が大きかった。それが現在では約9台にまで減少し，人件費の負担も減少するとともに，駐車場を配送

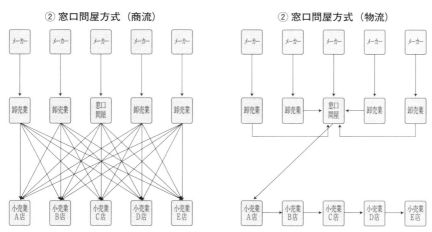

図6-7　窓口問屋方式の調達チャネル

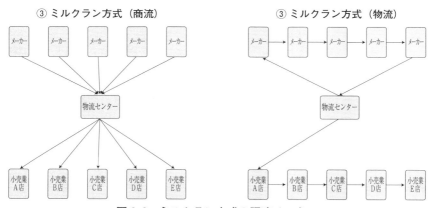

図6-8　ミルクラン方式の調達チャネル

トラックが占有することも少なくなり，さらに環境問題にも貢献している。

小売業による調達チャネル政策には次のような類型がある。

### (1) 自社物流センター方式

ダイエーが始めた方式であり，多くの大規模小売業において採用された調達チャネルである。この方式により，各店舗に配送に行くトラック台数が大幅に減少し，店舗側の荷受け作業は効率化した。この方式は卸売業と店舗との間に物流センターを介在させることによって店舗側の作業効率化を図ったものであり，多数の卸売業から物流センターへは依然として多数のトラックによって配送されていることに変わりはない。

### (2) 窓口問屋方式

大規模小売業単独で配送の効率化を図るのではなく，卸売業の段階まで遡って効率化を図ったのが窓口問屋方式である。イトーヨーカ堂は地区ごとに代表となる卸売業を選定し，その卸売業が他社の卸売業の商品も一緒に店舗まで配送する方式である。

### (3) ミルクラン方式

これに対し，メーカーから卸売業の配送までも効率化しようとするのがイオンのミルクラン方式である。イオンから委託された運送会社が各メーカーを回って商品を集荷する方式である。しかも取引規模の大きいメーカーとは卸売業を排除する直接取引による流通チャネルであり，大規模小売業の調達チャネルとして画期的な方式である。物流センターはイオンが運営するのではなく，物流業者に委託し，物流センターから店舗への配送も運送会社によって行われている。しかしながら，この調達チャネルも一部の商品に留まっているのが現状であり，直接取引しているメーカーは 2009 年度で 81 社である（『日経 MJ』2010 年 4 月 14 日 5 面）。

## 第4節　インターネットの普及による流通チャネルの変化

　インターネットの普及によって流通チャネルは大きく変化してきている。インターネットの普及による流通チャネルは，大きく企業間電子商取引（B to B ［Business to Business］EC）と，企業対消費者電子商取引（B to C ［Business to Consumer］EC）に分類される。消費者間電子商取引（C to C ［Consumer to Consumer］EC）も存在するが，本章の流通チャネルの変化には直接的な関係がないため取り上げない。

### 1　企業間電子商取引

　企業間電子商取引により，企業はこれまで取引していなかった企業との取引を行うことが可能となり，売り手はこれまでよりも市場が拡大し，買い手はこれまでよりもより多くの買い手から商品の調達が容易になるというメリットがある。

　流通・マーケティングにおける大規模な企業間電子商取引には，リテールリンク（Retail Link）とアジェントリックス（Agentrics）がある。リテールリンクは，小売業売上高世界1位のウォルマートと取引先との企業間電子商取引である。アジェントリックスは，共に2000年に設立されたグローバルネットエクスチェンジ（Global Net Exchange ［GNX］）とワールドワイドリテールエクスチェンジ（World Wide Retail Exchange ［WWRE］）が2005年に合併したものである。ワールドワイドリテールエクスチェンジには日本からイオン，西武百貨店，イズミヤが参加していた。

　アジェントリックスでは企業間電子商取引の約70％をオークションが占めており，小売業からの商品発注に対し，メーカーがより安い価格を提示して競う仕組みである。さらにアジェントリックスはイオンのプライベートブランド（PB ＝ Private Brand）であるトップバリュの開発支援も行っている（『日経MJ』2007年4月27日5面）。すなわち小売業は，アジェントリックスに参加することで，これまで取引していなかったメーカーとも取引することが可能とな

*156*　第2部　マーケティングミックス

り，商品の仕入れ価格を引き下げる効果が期待できる。

## 2　企業対消費者電子商取引

　企業対消費者電子商取引は近年，大幅に市場規模が拡大している。同市場が拡大すると，消費者がメーカーと直接取引することがこれまでよりも容易になるため，流通チャネルに大きな変化をもたらすと考えられている。なぜなら，メーカーと消費者が直接取引すると，これまで流通チャネルに関わっていた卸売業ならびに小売業が排除されることになり，流通チャネルに大きな変化をもたらすと考えられるからである。

　1960年代に「流通革命」が喧伝されたときには卸売業の排除による流通チャネルの変革がいわれたが，今回は卸売業だけでなく小売業も排除されることによる流通チャネルの大変革が生ずるといわれている。2010年8月にHMV渋谷が閉店したように，音楽CDを買うことなくインターネットでダウンロードすることが一般的となり，小売業としてのCDショップが成り立たなくなっているのは流通チャネル変革の一例である。

　しかしながら，企業対消費者電子商取引市場が拡大することにより，卸売業ならびに小売業のすべてが排除されるわけではない。なぜなら，まずひとつめに，小売業各社も店舗販売だけでなく，インターネット販売に参入しているからである。インターネット販売により店舗周辺に住んでいない消費者に対し販売することが可能となるため積極的に参入している。総合スーパーならびに食品スーパーはネットスーパーの展開も始めており，高齢者，乳幼児のいる家庭，雨の日の買い物，嵩張る商品，重い商品の買い物に利用されている。しかしながらこれは店舗まで買い物に行かないだけであり，既存流通チャネルの変革とはいえない。2つめに，多数のメーカーがインターネット販売に参入しているが，メーカーはこれまで卸売業ならびに小売業を経由して販売していたため，流通業者とのコンフリクトを恐れてネット販売する商品を限定するなどしており，メーカーと消費者との直接取引の拡大には限界があるためである。3つめに，音楽などのダウンロードを除いて，同取引を行う場合，消費者はすぐに商

品を入手することができないというデメリットがあり，店舗で販売する小売業を経由する流通チャネルがなくなることはない。4つめに同取引には消費者宅への配達が伴うため，輸送費が必要となり結果的に高い価格で購入することになってしまうことがあり，既存の流通チャネルがなくなることはない。

　既存流通チャネルの排除という問題以外にも同市場特有の問題がある。ひとつめに，同取引は価格比較を行うことが容易であり，価格比較サイトもあり価格競争が激しいため売上拡大につながっても利益面において貢献することができるかどうか疑問である。2つめに，同市場に参入している企業数が多いため，顧客に自社のサイトにたどり着いてもらうことは簡単なことではない。

　このような制約条件があるものの，企業対消費者電子商取引市場は今後も拡大すると予測され，既存の流通チャネルにも大きな変革を促すことは間違いない。

## 注

1）インターネットの普及により，生産者でも主体的に流通チャネルを決定することは可能であるが，本質的には製造業，なかでも大規模メーカーであるため，本章では以後，メーカーと表記して論じていくこととする。

2）伊藤園は清涼飲料市場への参入は遅かったが，500mlペットボトル飲料の販売ならびにホット対応ペットボトル飲料の販売は業界で1番早かった。特に500mlペットボトル飲料は環境問題に関わるとして業界全体として導入を躊躇していたなか，同社が1996年に先鞭をつけ，現在の市場を切り開いたことは有名である。

3）直販メーカーと名づけられているが，消費者と直接取引しているわけでない。

4）直販メーカーは新薬メーカーと比較してドリンク剤に強いことが特徴である。

5）配置薬メーカーは，各家庭に救急箱を設置し，次回訪問時に使用された医薬品を補充するとともに，使用された医薬品の代金を徴収するという事業を営んでいる。

6）メーカーが卸売業を特約店ならびに代理店としていることを系列化（準系列化）としている研究者がいるが，本章では特約店や代理店は1つのメーカーとだけ取引しているわけではなくメーカーからの制約も少ないため，系列化として扱わない。

7）洋菓子メーカーの系列小売店である加盟店（フランチャイジー）は同メーカーの商品しか取り扱うことができないため，最寄品でありながら品揃えに制約がある。そこで洋菓子メーカーは次々と新製品を開発する，または他メーカーが開発

158　第2部　マーケティングミックス

した人気商品に真似た商品を発売することにより，系列小売店の維持をはかって
いる。ある洋菓子メーカーは，系列小売店からの仕入代金の回収を月に1回では
なく，3回とすることにより確実な回収をはかっている。それでも仕入代金の回
収ができない系列小売店には商品の出荷を制限したり，メーカーが系列小売店に
経営指導する等している。

　コンビニエンスストアの場合には加盟店が売上金を毎日本部に送金するため，
本部が仕入代金の回収をできないということはない。加盟店の売上不振ならびに
販売管理費増により加盟店の経営が赤字の場合には，オープンアカウントという
制度により，本部が加盟店に資金を貸し付けるという制度がある。

8）ある家電メーカーは，総合スーパーで安売りされる商品がどの流通チャネルを
通じて取引されたかを把握するために，製品に隠し番号をつけて出荷し安売りさ
れた商品の流通チャネルをつきとめることが行われていた。

9）百貨店に対する派遣店員は1973年に公正取引委員会から，1978年3月までに
廃止するように警告を受けたが，現在も派遣されている。家電量販店に対する派
遣販売員も近年大きな問題となり，公正取引委員会から家電量販店に警告が行わ
れている。

10）ここからは，商取引の流れである商流と，実際の商品の流れである物流とが異
なるため，両取引の流れを併記している。

### 参考文献

コトラー，P., ケラー，K. L. 著，恩藏直人監修，月谷真紀訳（2009）『コトラー＆ケ
　ラーのマーケティング・マネジメント（第12版）』ピアソン・エデュケーション
経済産業省編（2010）『平成21年度我が国情報経済社会における基盤整備（電子商
　取引に関する市場調査）報告書』経済産業省
小原博（2004）「化粧品・医薬品流通─チャネル支配・再販の形成・変容の構図」
　石原武政・矢作敏行編『日本の流通100年』有斐閣
──（2010）「パナソニック（松下電器産業）のマーケティング─家電総合メーカー
　王者への道─」マーケティング史研究会編『シリーズ・歴史から学ぶマーケティ
　ング第2巻　日本企業のマーケティング』同文舘出版
鈴木安昭・関根孝・矢作敏行編〔1997〕『マテリアル　流通と商業（第2版）』有斐閣
崔相鐵（2004）「家電流通─家電メーカーと家電商人の対立と協調」石原武政・矢
　作敏行編『日本の流通100年』有斐閣
──（2008）「流通系列化からの脱却」石原武政・竹村正明編『1からの流通論』発
　行所：碩学舎，発売元：中央経済社
崔容熏（2010）「チャネル研究の系譜」マーケティング史研究会編『シリーズ・歴
　史から学ぶマーケティング第1巻　マーケティング研究の展開』同文舘出版
加藤義忠・齋藤雅通・佐々木保幸編（2007）『現代流通入門』有斐閣
河田賢一（2006）「流通機構」中田信哉・橋本雅隆編（2006）『基本流通論』実教出版

日本経済新聞社編（2017）『日経業界地図 2018 年版』日本経済新聞出版社
日本流通学会編（2009）『現代流通事典（第 2 版)』白桃書房
南知惠子（2010)「マーケティング・チャネル政策」池尾恭一・青木幸弘・南知惠
　子・井上哲浩『マーケティング』有斐閣
矢作敏行（1999)『現代流通　理論とケースで学ぶ』有斐閣

# 第3部
# マーケティングの展開

# 第7章　関係性マーケティング

## 第1節　関係性マーケティング論の台頭

### 1　リレーションシップ・マーケティング論台頭の背景

　マーケティングの定義は，論者によってさまざまであり，また時代によって変化してきている。初期マーケティングの考え方は，工場で作られた製品を市場に販売することによって売上，利益を得ることを目的として，その市場とは，平均的な消費者としてのマス・マーケットであった。伝統的マーケティング論における製品は，物理的製品としてではなく，消費者の求めるベネフィットや問題解決であり，トータル製品としての価値の一部分を構成するものである。2004年，アメリカマーケティング協会（AMA：America Marketing Association）によるマーケティングの定義は，「顧客への価値を創造し，コミュニケートし，価値を提供するとともに組織とその関係者にベネフィットをもたらす顧客との関係（customer relationship）を構築するための組織的な機能であり，一連のプロセスである」としている。

　リレーションシップ・マーケティングの研究は，1980年代からみられるようになり，わが国においては「関係性」[1]マーケティング概念とともに議論され，それは従来のマーケティング理論のパラダイム・シフトとしても論じられてきている。

　こうしたリレーションシップ・マーケティング論台頭の背景としては，1980年代のアメリカのサービス業界における規制緩和が進行したことによる新規参入業者の増加と，サービス業界間の競争のボーダレス化があげられる。銀行や保険，リースなどのサービス業においては，顧客との長期的な関係をベースに

取引が行われる。そのため，顧客獲得にあたる口座の開設，契約の締結と同様に，その後の顧客とのやりとり，働きかけがサービス・マーケティングにおけるプロセスとして重要な課題となった。

わが国においては，マネジリアル・マーケティングのアプローチが行き詰った背景として和田充夫は，3つの時代背景をあげている（和田，2000：324-326）。その第1は，高度経済成長期からバブル経済以降の消費者行動の変化である。物財的に満たされた消費者は，自ら主体的にライフスタイルの形成を商品やサービスの消費を通して行おうとした。すなわち，物財の購買ではなく，消費プロセスが生活者としてのライフスタイル形成の中心であり，商品がニーズにフィットするかどうかではなく，消費するプロセスのなかで企業あるいは社会とどのようにインタラクト（交互作用）するのかということが重要になってきた。

第2に，メーカーと流通業者との関係の変化である。従来のメーカーの流通におけるパワーが大規模小売業に移りつつあり，メーカーと小売業者との垂直的な関係において流通パワーの奪い合い，そしてコンフリクトの発生という行動プロセスが継続的に起こるようになってきた。このような状況のなかから，メーカーと小売業者の双方から生活者厚生の向上のために互いに協調しようとする気運が生まれ，両者の間での関係性形成の議論と行動が芽生えてきた。

第3に，証券市場でも企業情報のディスクロージャーの問題が注目を集めるようになり，さらにIR（Investor Relation）がPR（Public Relations）とは違ったかたちで重要視されるようになり，企業と一般投資家・機関投資家・証券アナリストなどとの関係が重要視されるようになった。また，一般大衆あるいは社会に対しても，企業がPR活動を積極的に行い，ソーシャル・マーケティングの考え方や活動を含め，企業のソーシャル・コミュニケーション活動が重要視されるようになった。

さらに，ITの進展により，顧客情報管理が容易となり，マス・マーケティングからデータベース・マーケティングによるOne to Oneマーケティングを可能にしたと考えられる。

*164* 第3部 マーケティングの展開

## 2 リレーションシップ・マネジメント

　レビット（Levitt, T.）によると，リレーションシップ・マーケティングは，新規顧客の獲得維持以上に，既存顧客との長期的関係の維持や顧客生涯価値の獲得が事業継続の基盤であるとし，ベリー（Berry, L. L.）もまた，顧客を購買経験の有無によって新規顧客と既存顧客の2つに区分し，これまでのマーケティングにおいて強調されてきた新規顧客の獲得という側面は，マーケティング・プロセスの単なる第1ステップにすぎず，既存顧客の維持を目的とするマーケティングをリレーションシップ・マーケティングとしている。なお，ベリーの主な研究対象は，銀行を始めとする金融サービスのマーケティングであった（山口，2010：51-52）。

　わが国においては，和田が「関係性マーケティング」は，サービス財のマーケティングであり，生産財あるいは流通取引におけるマーケティングであり，最終的にインタラクティブ・コミュニケーション・モデルである，としている（和田，1998）。

　以上の先駆的なリレーションシップ・マーケティング論は，伝統的な消費財マーケティング論ではなく，生産財，流通取引，サービス業を主体としたマーケティングとして取り上げられてきた。

　次に，「Customer（顧客）Relationship Management」（以下 CMR）に関して，グリーンバーグ（Paul Greenberg）は，コミュニケーション・チャネルのいかんを問わず，マーケティング，セールス，サービスのすべてにわたり，潜在顧客，既存顧客，ビジネスパートナーとの関係を管理するための包括的なプロセス，技術のことであり，その目的は，組織レベルにおいてできるだけ強い関係を築き，顧客とパートナーの満足度，収益，経営効率を最大限に高めること，としている。そして特に，CRM の実践法として，インターネット対応の技術に焦点を当てている（Greenberg, 2001）。

　また，スイフト（Ronald S. Swift）は，CRM とは，顧客の獲得，維持，ロイヤルティ，またはその顧客からの利益を増加させるために意味のあるコミュニケーションを通して顧客行動を理解し，それに影響を与えるための企業全体の

アプローチであり，リレーション・テクノロジーとは，データ・ウエアハウスとビジネス・インテリジェンスの技術が，企業と顧客との永続的な関係をサポートし，それによって業績を向上させていくことを意味するとしている（Swift, 2001）。

南知惠子は，リレーションシップという言葉が，ビジネスにおいて使われる場合と，これまでアカデミアで使われている場合とでは，いささか異なる概念を指しているように見受けられるとし，CRM は，情報技術を基盤とする顧客関係育成プログラムとして捉え，CRM 戦略の企業に与える効果を明らかにすることを目指しているとしている（南，2006）。

## 第2節　リレーションシップ・マーケティングの特質

### 1　マネジリアル・マーケティングとの比較

リレーションシップ・マーケティングの特質は，従来のマネジリアル・マーケティングとの比較において，表7-1のように示される。

リレーションシップ・マーケティングは，企業と外部との関係性に注目した

表7-1　マネジリアル・マーケティングとリレーションシップ・マーケティングの比較

|  | マネジリアル・マーケティング | リレーションシップ・マーケティング |
|---|---|---|
| 基本概念 | フィット（適合） | インタラクト（交互作用） |
| 中心点 | 製品・顧客 | マーケター（企業）と顧客（ステイクホルダー） |
| 顧客観 | 潜在需要保有者 | 相互支援者 |
| 行動目的 | 需要創造・拡大 | 価値共生・共有 |
| コミュニケーション | 一方的説得 | 双方対話型 |
| タイムフレーム | 一時短期的 | 長期継続的 |
| マーケティング手段 | マーケティング・ミックス | インタラクティブ・コミュニケーション |
| 成果形態 | 購買・市場シェア | 信頼・融合・顧客シェア |

出所）和田（1998：72）を一部改変

*166　第3部　マーケティングの展開*

ものであり，そのフレームワークは，関係性の対象と関係性そのものの内容（イ
ンタラクション）を規定するところから始まる。リレーションシップ・マーケ
ティングは，交換ではなく，その前提となるメタ交換に焦点を当てる。すなわ
ち，長期継続化する関係を交換に先立ち作り上げることが中心課題となる。伝
統的な顧客満足型マーケティングは交換対象に焦点を当てるのに対し，リレー
ションシップ・マーケティングは交換主体間の関係に焦点を当てる。

## 2　リレーションシップの概念

　リレーション・マーケティング論においてリレーションシップは，2つの使
われ方がある。1つは，マーケティングにおける関係全般を指す意味であり，
競合的関係，敵対的関係，提携的関係，従属的関係など，いかなる形の関係も
含まれる。もう1つは，企業と顧客ないしはマーケティング関係者との間にお
ける長期志向で友好的な間柄を指す意味である[2]。

　リレーションシップ・マーケティング論における中核概念となるのが，関係
に対するリレーションシップ・コミットメントである。コミットメントは，「あ
る事業者がパートナーとのリレーションについて，その維持にあたっては最大
限の努力が正当化されるほど重要だと信じること」，「価値あるリレーションシ
ップを維持しようとする持続的な欲求」，「交換パートナー間におけるリレーシ
ョンシップ継続のための暗黙的および明示的な誓いや証」などと定義され，マ
ーケティング論においては，相互の心理的な絆によって成立している関係を示
す概念として扱われている。

　リレーションシップ・マーケティング論において，そのアプローチはさまざ
まな機軸を用いて捉えられるが，全体を貫く基盤的なアプローチとして考えら
れるのは経済的アプローチと社会的アプローチである。

　経済的アプローチとは，関係的契約ならびに取引費用理論を基盤とし，売り
手と買い手の関係における長期継続的な交換過程がもたらす経済的価値に着目
したものであり，交換に伴う不確実性を低減することで買手のコミットメント
を高めようとするものである。この遂行には，相手の能力に対する確信と機会

主義的な行動をとらないという確信（信頼）が大切になる。相手の意図に対する期待としての信頼を醸成することである。

一方，社会的アプローチとは，良好な人間関係がもたらす精神的充実感に着目し，交換当事者間の社会的紐帯感を訴求する。すなわち，買い手が売り手に対して抱く友愛感・愛着感・自己同一感を駆動力とし，買手のコミットメントを高めようとするものである。このアプローチは，主に消費者サービス分野およびBtoBマーケティングにおいてコミットメントが強化される。

たとえば，会議やパーティといったホスピタリティ企業のサービス財（商品）を購入する顧客とは，次の5つのレベルの異なる関係を築くことができると考えられる（Kotler, 2003＝2003：300）。

① 基本的な関係：企業は商品を販売するが，フォロー活動は一切行わない。

② 対応的な関係：企業は商品を販売し，質問やトラブルがあれば，いつでも問い合わせるように顧客にすすめる。

③ 説明責任的な関係：顧客の予約を受けた後，企業の担当者が顧客に連絡をとり，予約を確認し，質問に答える。商品提供時と提供後には商品を改善すべき点や不満な点はないか販売員が顧客に尋ねる。これらの情報によって企業は，常に商品を改善することができる。

④ 事前対応的な関係：販売員もしくは他の従業員が適宜，顧客に連絡し，改善した点を伝えたり，今後の商品購入について創造的な提案をする。

⑤ 協働的な関係：企業が，既存顧客やその他の顧客と常に協働し，より高い価値を提供する方法を模索する。

## 3　マーケティング主体との関係性における形態

リレーションシップ・マーケティングを論ずる時，マーケティング主体とその関係対象を認識しなければならない。このことは，伝統的なマーケティング，すなわち消費財メーカーと最終消費者との関係だけではなく，CRM論における顧客と関係対象を明らかにすることになる。

メーカーを主体とした関係性は，図7-1のように，原材料・部品の購買先，

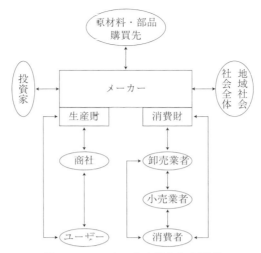

図7-1　メーカーを主体とした関係

卸売業者・小売業者などの流通業者，そして投資家と直接的に関係しており，消費財メーカーであれば，製品やメディアその他を媒介として消費者との関係性を形成している。生産財メーカーにおいてはその顧客は，最終消費者ではなく，ユーザー（企業）である。

　メーカーを主体としては，購買先に対して購買部門で対応し，流通業者や顧客に対しては営業部門で対応する。また，投資家に対しては広報部門が IR 活動を行い，さらに地域社会や社会全般に PR 活動を行う。

　この場合，メーカーと購買先や流通業者との関係性の形態は，直接的・特定的であるが，メーカーと購買先との間に商社が介在したり，メーカーと小売業者との間に卸売業者が入ると両者の関係性は直接的ではない。

　また，企業と投資家との関係性の形態は，それが機関投資家であれば特定できるが，一般投資家の場合は特定できない場合が多い。同様に，消費財メーカーと消費者の関係性は，取引は間接的であり，特定的ではない。地域社会や社会全体との関係性も不特定である。

　このように，マーケティング主体は，それぞれの顧客・取引先・投資家・社

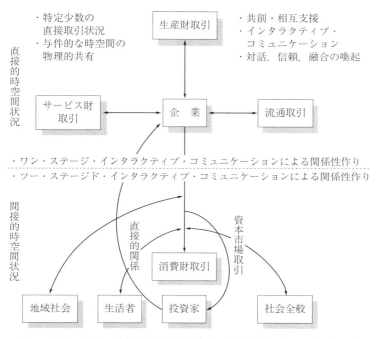

**図7-2 関係性マーケティングの全体構図**
出所) 和田充夫 (1988:102)

会などのステイクホルダーとそれぞれの関係性をもっているといえるが、関係性の形態が直接的・特定的である典型は、生産財メーカーにおける購買先とユーザーの関係性と、サービス業における顧客との関係性の形態である。サービス業においては、企業と顧客が同一時空間に存在しなければ「サービス」という製品が成り立たず、たとえばレジャーランドなどの事業は、関係性の形態そのものが事業成立の基盤となっている（和田, 1998:68-70）。

関係性マーケティングの全体構図は、図7-2に示されるように、生産財取引、流通取引、サービス財取引に特徴的な企業と取引対象者との関係性の形態が、特定的・直接的である時空間状況と、企業と消費財取引における生活者（消費

170　第3部　マーケティングの展開

者）あるいは地域社会や社会全般といった，本来的に対象者が間接的不特定多数という状況に分類される。対象が投資家である場合は，これら両者の状況が含まれる。

　そして，直接的時空間状況では与件的に関係性の形態が直接的インタラクティブに設定されているから，「ワン・ステージ」でどのように対話・信頼・融合の状態を戦略やシステムとして作り上げ，双方向に共創・相互支援の状況を生み出すかということが問題となる。

　一方，間接的時空間状況では，対象が不特定多数であることからワンステージで時空間の共有状況を想定することはできない。特に消費財取引の場合には，どのようにしたら不特定顧客を特定しうるか，多数の顧客との直接的時空状況をいかに作るかということが課題となる。この課題に対しては，直接的時空間状況とは異なった説得的コミュニケーションによる「ツー・ステージド」インタラクティブ・コミュニケーション戦略があり，購買行為よりは消費プロセスを重視した戦略作りがあげられる。また，製品・サービスの提供者（企業）とその受益者という関係を超えた地域社会・社会全般との関係作りがある。

## 第3節　「個客」満足のマーケティング

### 1　One to One マーケティング

　ワン・トゥ・ワン・マーケティングは，1990年代半ばにペパーとロジャーズ（Don Peppers & Martha Rogers）によって提唱された。多様化した消費者ニーズに対応していくには，すべての消費者を対象とするのではなく，顧客一人ひとりの属性，ニーズ，嗜好，購買履歴などを明らかにし，企業と「個客」との1対1の関係においてマーケティングを展開することであり，マス・マーケティングとの違いは表7-2のように示される。

　ワン・トゥ・ワン・マーケティングの成功は，ある時点における一人の顧客に対する成功によって判断される。そこでは，マーケットシェアではなく，顧客シェアを得ることに力を注がなければならない。マーケットシェアの拡大と

第7章　関係性マーケティング　*171*

表7-2　マス・マーケティングとワン・トゥ・ワン・マーケティングの違い

| マス・マーケティング | ワン・トゥ・ワン・マーケティング |
| --- | --- |
| 平均的顧客 | 個別顧客 |
| 顧客の匿名性 | 顧客プロフィール |
| 標準的製品 | カスタマイズされた製品 |
| 大量生産 | カスタマイズ生産 |
| 大量流通 | 個別販売 |
| マス広告 | 個別メッセージ |
| マス・プロモーション | 個別インセンティブ |
| 一方向メッセージ | 双方向メッセージ |
| 規模の経済性 | 範囲の経済性 |
| 市場シェア | 顧客シェア |
| 全顧客 | 収益性の高い顧客 |
| 顧客誘引 | 顧客維持 |

出所）Kotler & Keller（2006 = 2008：193）

は，できるだけ多くの顧客に，できるだけ多くの製品を販売することを意味する。一方，顧客シェアの拡大とは，自社ブランドの製品を購入した一人ひとりの顧客が，その製品に満足し，いかなる時にも競合他社の製品ではなく，自社製品を確実に購入していくことを意味するのである。顧客シェアは，長期間にわたって自社の製品やサービスを購入してくれる顧客（固定客）の数によって決まる。その顧客に限ってみれば，自社の製品やサービスのシェアが高くなるということである。

　それでは，どのようにして顧客シェアを高めるかである。ワン・トゥ・ワンの関係を結ぶには，顧客を個客として識別する必要がある。従来の市場主導型ビジネスでは，すべての顧客を同一に扱っていた。顧客は，全員が同じ段階で購入し，顧客と企業の間で個々の対話はなかった。しかし，顧客は一人ひとり違う存在なのだと認識すると，ある顧客には他の顧客より価値があるという事実を有効に活用できるようになる。

　ブライアン・P.ウルフ（Braian P. Woolf）は，ワン・トゥ・ワン・マーケティングの発想から次のように「個客識別マーケティング（Customer specific marketing）」を提唱している。「すべての顧客は平等ではない。我々は，顧客の多様性を認め，最大の利益を上げるために顧客を識別し，それに応じた販売条件を適用することで，この事実を事業戦略に取り入れていかなければならない。顧客の差別化をためらってはいけない。すでに受け入れられ，歓迎されてもいるのだから」と，述べている。

　そして，顧客の購買プロフィール（週平均購入額・粗利益率・来店回数）から累計粗利益額によって，「常連客」「他店との掛け持ち客」「特売品目当ての客」「偶然通りかかった客」に分類している。このことから，異なるプロフィールの顧客に均一価格で均一対応するのは，経済的に理にかなっていないばかりか，小売店の競争力を弱めかねないということが一目瞭然となる。競争店は，低価格とお得なサービスとを組み合わせて，最初に「常連客」に狙いを定め，このセグメントの顧客を奪いにかかるだろう。

　このように，来店頻度が高く，購入額も多い顧客を選定し，自店に対するロリヤルティの高さに応じて「ロイヤル・カスタマー」として特別扱いすることが，さらに来店頻度や購入額を上げることにつながるのである。この場合，ロイヤル・カスタマーとワースト・カスタマーに二分するのではなく，ロイヤル・カスタマーを育てるには，顧客を購買プロフィールによって段階的に区分し，ランキング化し，それぞれのランクに対応した特典を与え，より上位にランキングされるようにすることである。

　ワン・トゥ・ワン・マーケティングは，顧客シェアを高めるために，対象とする顧客は自社の既存顧客であり，その顧客の自社の製品やサービスに対するロイヤルティをより高め，関係をできる限り長期的かつ良好にしていくことを目的としている。

## 2　顧客価値創造のマーケティング

　マーケティングは，製品やサービスを販売することによって顧客満足を提供し，対価としての利益を得るといわれている。ここでの顧客満足とは販売（取引）時点における満足感だけであろうか。

顧客満足度とは，買い手の期待に対して，製品やサービスの知覚パフォーマンス（結果）がどれほどであるかによって得られる個人の主観的な喜びまたは失望の感情のことである。パフォーマンスが期待どおりであれば満足し，期待よりも大きければ満足度は高くなり，期待を下回れば不満となる。見込み客は，購買決定に際し，知覚価値として，製品価値のみならず，付随サービス，従業員，イメージ価値など，経済的，機能的，心理的ベネフィットを総合し，金銭的価値として知覚する。一方で，提供される製品やサービスを評価し，入手し，使用し，廃棄する過程における金銭的，時間的，心理的コストを見積もる。顧客の知覚価値は，顧客が手に入れようとするベネフィットから顧客コストを差し引いた価値であり，代替品を含め知覚価値が最大となる製品やサービスを購入する。

 このためマーケターは，自社の製品やサービスが顧客にどのように知覚されているかを知るために，競合他社と比較して顧客価値と顧客コストを査定しなければならない。そして，知覚価値を高めるには，製品やサービス，従業員，

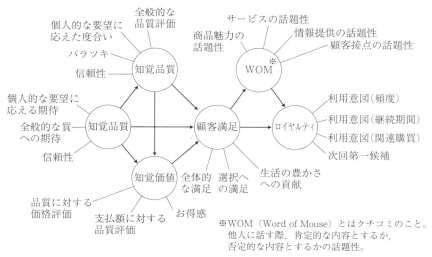

図7-3　顧客満足の因果モデル

出所）小野譲司（2010：95）

*174*　第3部　マーケティングの展開

イメージなどのベネフィット，すなわち顧客価値を高めるか，あるいは，注文・納品プロセスの簡略化，保証を提供し顧客のリスクを低減するなどで顧客コストを下げることが必要である。

　顧客満足度は，期待と知覚価値によって決まるが，この形成プロセスと顧客満足がもたらす効果を示したものが，JCSI（Japanese Customer Satisfaction Index）[3] による顧客満足の因果関係の連鎖モデル（図7-3）である。

　知覚品質とは，個人的な要望に応えた度合い，バラツキ，信頼性，全般的な品質評価であり，累積的な顧客満足に対して，顧客期待，知覚品質，知覚価値がそれぞれどれくらい強く影響を与えるかを矢印で表している。

　このモデルでは，顧客満足に対して知覚品質と知覚価値（価格）のどちらが強い影響を与えているかが明らかになる。知覚品質が強く影響するということは，製品やサービスの品質や性能を高めることが顧客満足度を高めるために有効であり，知覚価値が強いということは，顧客の支払った対価の納得度が低ければ不満となりやすい。この影響力の大きさは，業種によって異なり，また経済状況や価値観の変化にも関係する。たとえば，小売業では百貨店は相対的に知覚品質が強く影響を与え，スーパーマーケットは知覚価値のほうが相対的に強く影響する。また，テーマパークなどのエンタテインメント・ビジネスでは知覚品質がより強い影響を与える。また，ホテル業界において，ビジネスホテルの顧客満足は，知覚価値による影響が強いが，相対的に高価格・高品質帯にポジショニングされているシティホテルが，ビジネスホテルと同じような高額に見合ったサービスかを吟味するようなメカニズムで顧客満足が形成される。

　顧客期待の大きさは，商品やサービスの品質やコストパフォーマンスの評価の仕方に影響を与える。また，購買前の予測的期待は購買・消費経験を経るにつれ，高くなる傾向がある。このため顧客期待は，商品やサービスを経験してから事後評価が行われる時点で顧客期待を下げ，過度に高いままにさせないことである。購買前からもっていた漠然とした期待感をより具体的な用途や機能に対する期待へと変容させることも顧客満足のマネジメントである。

　顧客生涯価値（Customer Life Time Value）とは，単に製品やサービスの売買

だけではなく，顧客がそれを保有，享受している間，また買い替えながらその
商品やサービスを繰り返し消費する期間全般にわたって感じる価値のことであ
る。たとえば，自動車の価値は，購入時点の新車としての価値だけでなく，保
険に加入したり，保有する期間におけるメンテナンスや下取りに出す時，顧客
と関わり，対価を得て付加価値を提供する。

　商品やサービスを一度顧客に販売してしまえば，それで終わりというのでは
ない。顧客は，商品購入時点で満足感を得るが，放置しておけばその満足度は
時間の経過とともに低くなっていく。販売後の全使用期間にわたってタイミン
グよく顧客との接触機会を意図的に創り出し，サービスを提供することによっ
て顧客満足度を高め，その連続により顧客が自社との関係を再認識し，購入時
点と同じくらいの価値として評価，維持することができれば，自社において再
度，商品を購入する可能性は高まる。

　このような満足を保証される前提で反復購買を続けると，顧客はより上位の
顧客へと上がっていき，上位客になればなるほど自社での購入額は多くなって
いき，客数が同じでも売上は増えていくことになる。既存顧客を新規顧客と比
較すると，自社に対する信頼度が高いため，広告費は低く，接客時間も短く，
個客のニーズの把握ができることから在庫コストなど経費も削減でき，上位客
ほど利益貢献度が高く販売効率は良い。こうした既存顧客との好意的関係を販
売後も長期的に維持することは，クチコミによって新規顧客を増加させること
につながる。

## 第4節　顧客関係性マネジメント（CRM）

### 1　顧客関係性マネジメントの構造

　顧客関係性マネジメントとは，個々の顧客について詳細情報を管理し，個々
の顧客ロイヤルティを最大化するためにすべての顧客の「タッチポイント」を
入念に管理する過程のことである。顧客タッチポイントとは，接客時はもちろ
ん，クチコミやマスコミ，たまたま目にすることまでも含み，顧客がブランド

*176*　第3部　マーケティングの展開

## 表7-3　CRM の構造

| CRM の鉄則 | | | | |
|---|---|---|---|---|
| 優良顧客の獲得 | 適切な価値提案の作成 | 最良プロセスの導入 | 従業員の動機付け | 顧客維持のための学習 |
| 鉄則を実現するための前提条件 | | | | |
| ■ 最も価値の高い顧客を選別済みである。<br>■ 最良顧客の購入額全体の中で，自社製品や自社サービスの占める割合が計算済みである。 | ■ 顧客が現在および将来に必要とする製品やサービスは何かについて研究済みである。<br>■ 競合他社が現在および将来に提供する製品やサービスは何かについて調査済みである。<br>■ どのような製品やサービスを提供すべきか判明している。 | ■ 製品やサービスを顧客に届ける最善の方法について調査済みである（なお，ここには，他企業との提携，技術投資，開発あるいは獲得すべきサービス能力についても含まれる）。 | ■ 従業員がカスタマー・リレーションシップを育成するうえで必要なツールを把握済みである。<br>■ 従業員のロイヤルティを向上させるための人事システムがわかっている。 | ■ 顧客が離反した理由，および再獲得する方法を学習済みである。<br>■ 競合他社が，自社の優良顧客を狙って実施していることについて分析済みである。<br>■ 経営幹部が顧客離反率をモニタリングしている。 |
| CRM 技術が貢献できる分野 | | | | |
| ■ 売上とコストに関するデータを分析し，現在と将来の高価値顧客を割り出す。<br>■ ダイレクト・マーケティングの狙いをより的確にする。 | ■ 関連する製品やサービスの動向に関するデータを把握する。<br>■ 新しい流通チャネルを開拓する。<br>■ 新しい価格設定モデルを開発する。<br>■ コミュニティを形成する。 | ■ 取引のスピードを高める。<br>■ 現場の従業員により的確な情報を提供する。<br>■ ロジスティクスやサプライ・チェーンをより効率的に管理する。<br>■ 社内における職務の垣根を超え，相互に協力して取引を促す。 | ■ インセンティブと評価基準の整合性をはかる。<br>■ ナレッジ・マネジメント・システムを展開する。 | ■ 顧客離反率と顧客維持率を追跡調査する。<br>■ 顧客サービス満足度を追跡調査する。 |

出典：Darrel K. Rigby, Frederick F. Re.chheld, and Phil Schefter, "Avoid the Four Perils of CRM," *Harvard Business Review* (February 2002)：106. 8 年間の調査が明かす 4 つの落とし穴　CRM「失敗の本質」『ダイヤモンド・ハーバード・ビジネス・レビュー』2002 年 7 月号（リット三佐子訳，ダイヤモンド社）より一部訳文引用。

出所）Kotler & Keller（2006 = 2008：1ᄋ7）

や製品に出会うすべての機会を指す。たとえばホテルならば，予約，チェックイン，チェックアウト，会員制プログラム（FSP：Frequent Shoppers Program），

ルームサービス，クリーニングサービス，レストラン，その他のサービスである。

CRM は，個人情報を効果的に使い，卓越した顧客サービスをリアルタイムに提供することができる。CRM の鉄則は，優良顧客の獲得，適切な価値提案の作成，最良プロセスの導入，従業員の動機づけ，顧客維持のための学習であり，この鉄則を実現するための前提条件と，CRM 技術が貢献できる分野は，表7-3 の通りである。

## 2　顧客管理のデータベース・マーケティング

データベース・マーケティングとは，顧客との接触や取引，そしてリレーションシップの構築を目的として，顧客データベースや製品，供給業者，流通業者のデータベースを構築し，メンテナンスし活用するプロセスである。

顧客データとは，氏名，住所，電話番号，メールアドレスをはじめ，生年月日・収入・家族構成などのデモグラフィックス・データ，活動・関心・考えなどのサイコグラフィックス・データ，選好するメディアグラフィックス，そして購買履歴，その他である。また，取引企業のデータは，取引履歴（価格・量・利益），自社における取引企業のシェア，契約状況の他，競合他社，競争上の強みと弱みの評価なども含まれる。

データベースの活用法としては，まず，新規顧客獲得のため，潜在顧客を特定するため広告する。広告に対し，反応（返信葉書・メール・フリーダイヤルなど）をもとにデータベースを構築し，そのなかから有望な見込み客を特定し，DM（ダイレクトメール），E メール，電話，訪問によって接触し，顧客化を図る。

ターゲットとすべき顧客の理想的基準を設け，データベースからレスポンス率の高い顧客にアプローチする。そして販売後には，礼状を送るなどし，継続的な購買やクロスセリング（関連購買）を促すために，特定顧客のニーズに合わせた顧客の選好に合った景品，割引クーポン，パンフレット（関連商品），優待情報などを提供し，プロモーションを行う。また，誕生日や顧客の記念日

のカードを送付するなどし，自社に対する好意・ロイヤルティを高める。

データベース・マーケティングの課題として，第1は，顧客データベースを構築し維持するには，コンピュータ，データベース・ソフトウエア，解析プログラム，通信リンク，スキルを備えた人材に多額の投資をする必要があり，販売単位がきわめて小さい製品（菓子など），顧客がブランドに対してほとんどロイヤルティを示さない製品などは，情報収集コストが高くなり，データベースを構築する効果は低い。

第2は，社内の全従業員を顧客志向にさせ，使える情報を活用させるには容易ではなく，効果的なデータベース・マーケティングを実施するには，従業員およびディーラーや供給業者のマネジメントと訓練が必要である。

第3は，すべての顧客が，企業とのリレーションシップを望んでいるとは限らず，自社のプライバシー・ポリシーを明確にし，個人情報のデータベース化を許可しない選択権を与えた上で，顧客の個人情報の管理に十分留意しなければならない。

データベース・マーケティングは，顧客データの収集だけでなく，データのメンテナンスと有効な分析によって効果を発揮する。

## 3　リレーションシップ・マーケティングの評価

顧客関係構築能力の要素としては第1に，顧客維持を最優先し，顧客を満足させるための裁量を従業員にもたせるという組織全体の志向の確立である。第2は，リレーションシップについての情報であり，これは，関連する顧客データの質と企業全体でその情報を共有できるシステムも含む。第3は，組織，カスタマー・リレーションシップ構築に向けた社内の連携であり，これは，インセンティブ，測定基準，組織構造，責任説明などを通じて達成される。

CRM技術に多額の投資をしても，それほど大きな競争優位性は得られず，多くの企業がCRMで失敗する理由のひとつは，社内の体制やシステムを対応させないことによる。顧客価値，顧客満足，顧客ロイヤルティの構築のための顧客志向型企業の組織は，図7-4(b)のように顧客を頂点とし，顧客と接する従

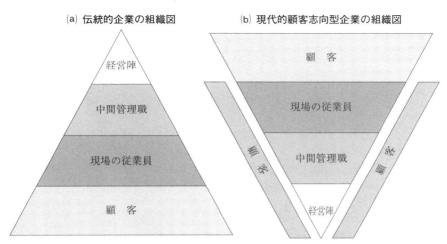

図7-4 伝統的企業と現代的顧客志向型企業の組織図
出所）Kotler & Keller（2006 = 2008：172）

業員が重要となる。そして，中間管理職，経営陣も顧客を知り，接し，サービスを提供することに自ら関わらなければならない。

顧客との関係構築能力にすぐれているかどうかは，企業が組織をどう構築し管理するかであって，企業が採用するCRMツールや技術とはほとんど関係ないとされている（Day, 2003：77-82）。

リレーションシップ・マーケティングは，関係主体と既存顧客との長期継続的な満足と信頼による継続的購買によって，長期的な視点での顧客の利益貢献を評価する。なお，顧客とは，消費者のみならず，取引先企業も含み，リレーションシップは，マーケティング主体のステイクホルダーを含む。

CRMは，リレーションシップ・マーケティングの適用であり，顧客管理手法としてのITを基盤としたアプローチであり，リレーションシップ・マーケティングは，マーケティング理論におけるパラダイム転換と考えることもできる。

## *180* 第3部　マーケティングの展開

### 注

1）「リレーションシップ」と「関係性」は，論者によって表現が異なるが，本章においては，同義としている。
2）久保田（2003）は，親密で深い関係に対してのみリレーションシップを用い，その他の一般的な取引関係などについては関係という言葉を用いるとしている。
3）公益財団法人日本生産性本部サービス生産性協議会による日本版顧客満足度指標

### 参考文献

Baron, S. & Harris, K.（1995）*Servis Marketing*, Macmillan Press Ltd.（澤内隆志・代表訳（2002）『サービス業のマーケティング—理論と事例』同友館）

Day, G. S.（2003）"Creating a Customer-Relating Capability", *Sloan Management Review*, 44, No. 3: 77–82

Greenberg, P.（2001）*Customer Relationship Management at the speed of light*, The MacGraw-Hill.（齊藤英孝訳（2001）『実践顧客戦略』ダイヤモンド社）

Hughes, A. M.（1994）*Strategic Database Marketing*: *The Masterplan for a Customer-Based Marketing Program*, Probus Pub Co.（秋山耕・小西圭介監訳（1999）『顧客生涯価値のデータベース・マーケティング』ダイヤモンド社）

Jackson, R. & Wang, P.（1994）*Strategic Database Marketing*, NTC Contemporary Group.（日紫喜一史訳（1999）『戦略的データベース・マーケティング』ダイヤモンド社）

Kotler, P. & Keller, K. L.（2006）*Marketing Management*, 12th ed., Pearson Education, Inc.（恩蔵直人監修，月谷真紀訳（2008）『コトラー＆ケラーのマーケティング・マネジメント（第12版）』ピアソン・エデュケーション）

Kotler, P., Bowen, J., Johhn, R. & Makens, J. C.（2003）Marketing for Hospitality and Tourism 3rd ed. Pearson Education, Inc.（白井義男監修訳（2003）『コトラーのホスピタリティ＆ツーリズム・マーケティング（第3版）』ピアソン・エデュケーション）

Levitt, T.（1983）"After the Sale is Over", *Harvard Business Review*, Vol. 61, No. 5.

Lovelock, C. & Wirtz, J.（2007）*Servis Marketing: People, Technology, Strategy*, 6th ed., Pearson Education, Inc.（白井義男監修，武田玲子訳（2008）『ラブロック＆ウィルツのサービス・マーケティング』ピアソン・エデュケーション）

Peppers, D. & Rogers, M.（1993）*The One to One Future: Building relation ship one customer at a time*, Currency Doubleday.（井関利明監訳（1995）『One to One マーケティング』ダイヤモンド社）

Rapp, S. & Collins, T. L.（1996）*The New Maximarketing*, MacGraw-Hill.（江口馨監訳（1996）『マキシマーケティングの革新』ダイヤモンド社）

Swift, R. S.（2001）*Accelerating Customer Relationships: Using CRM and Relation-*

*ship Technologies*, Prentice-Hall.（日本 NCR 株式会社監訳（2001）『加速する顧客リレーションシップ—CRM とリレーションシップ・テクノロジーの活用』ピアソン・エデュケーション）

Woolf, B. P.（1996）*Customer Specific Marketing: The New Power in Retailing*, Teal Books.（上原征彦監訳（1998）『個客識別マーケティング—小売業の ONE to ONE 戦略実践法』ダイヤモンド社）

江尻弘（2000）『日本のデータベース・マーケティング』中央経済社

大脇錠一・城田吉孝・河邊匡一郎・玉木徹志編（2003）『新マーケティング情報論』ナカニシヤ出版

小野譲司（2010）『顧客満足［CS］の知識』日本経済新聞出版社

亀井明宏・ルディー和子編著（2009）『新マーケティング・コミュニケーション戦略論』日本経済新聞出版社

久保田進彦（2003）「リレーションシップ・マーケティング研究の再検討」『流通研究』第 6 巻第 2 号

黒田重雄・佐藤耕記・遠藤雄一・五十嵐元一・田中史人（2009）『現代マーケティングの理論と応用』同文舘出版

坂本英樹（2002）「顧客関係性マーケティングの進化—ワン・トゥ・ワン・マーケティングからオール・イン・マーケティングへ」『マーケティング・ジャーナル』日本マーケティング協会

嶋口充輝（2001）「関係性マーケティングの現状と課題」『マーケティングレビュー』同文舘出版

ダイヤモンド・ハーバード・ビジネス編集部編（1995）『顧客価値創造のマーケティング戦略』ダイヤモンド社

——（1998）『顧客サービスの競争優位戦略—個客価値創造のマーケティング』ダイヤモンド社

高嶋克義（2006）「関係性マーケティング論の再検討」『国民経済雑誌』神戸大学経営学会

谷郷一夫（2008）「関係性マーケティングと顧客管理」『経営論集』大東文化大学経営学会

東利一（2004）「交換と関係的交換の比較考察に基づく関係性マーケティング研究」『流通科学大学論集流通・経営編』

マーケティング史研究会編（2010）『マーケティング研究の展開』同文舘出版

南千惠子（2006）『顧客リレーションシップ戦略』有斐閣

村松潤一編著（2010）『顧客起点のマーケティングシステム』同文舘出版

山口隆久「関係性マーケティングにおける CRM 論」村松潤一編著（2010）『顧客起点のマーケティングシステム』同文舘出版

和田充夫（1998）『関係性マーケティングの構図』有斐閣

和田充夫・恩蔵直人・三浦俊彦（2000）『新版マーケティング戦略』有斐閣アルマ

# 第8章 グリーン・マーケティング

## 第1節 グリーン・マーケティングの必要性

　現在，世界中で資源・環境問題である，地球温暖化，オゾン層の破壊，海洋汚染などの環境破壊，そして資源・エネルギーの枯渇が危惧されている。そのため，企業はその活動において，環境保全を重視し，資源・環境問題への積極的な取り組みが求められている。

　マーケティングの展開においても，コンシューマリズムや環境主義，資源・環境問題などの出現により，従来のマーケティング活動に対する修正や変更が求められている。つまり，それは，生活者や社会の長期的利益を考える「社会志向」の展開である。社会志向でも今日とくに関心が高まっているのが，環境保全を重視したマーケティングであり，それはグリーン・マーケティング（環境マーケティング）と呼ばれている。

　この種の研究は，従来，マーケティングの分野においてほとんど未開拓であった。資源・環境問題に関する研究は歴史も浅いだけでなく，さらに資源・環境問題への世界的な取り組みの背景を鑑みれば，この種の研究が非常に重要な領域になってきたことはいうまでもない。

　本章では，グリーン・マーケティングについてみていくことにする。

## 第2節 資源・環境問題へのアプローチ

### 1 循環型社会形成への取り組み

　資源・環境問題はわれわれが永久に抱えていかなければならない課題である。

第8章　グリーン・マーケティング　*183*

資源・環境問題は，産業革命以降の問題であり，人間が自然をわが意のままに裁量してきた帰結といえる。環境問題はその責任の明確さ，範囲および規模により，主として公害問題と地球環境問題とに大別できる。

公害問題は汚染源が特定の企業であること，また汚染範囲が局地的であるなどの特徴をもっている。その代表的なものとして水俣病，イタイイタイ病，四日市喘息などをあげることができる。公害問題への対策は，汚染源である企業への環境規制や技術面の改良など比較的容易だといえる。

これに対し，地球環境問題は公害問題に比べて問題の発生源が広く，空間的範囲が地球全体にまでおよんでいる。さらに汚染源が不特定多数であるため，その特定化が困難である。また被害者の範囲が不明確である点も特徴といえよう。

資源問題も環境問題と同様に近年，重要視されてきた。1973 年と 1978 年の 2 度にわたるオイルショックは，われわれに社会・経済システムが石油の消費のうえに成り立っているということを認識させるとともに，資源の枯渇という危機感をも植えつけた。資源・環境問題は，さまざまな要素を内包しており，それへの対応は今日始まったばかりである。

地球環境問題が最初に顕在化したのは，ワシントン条約においてである。ちなみに，これは 1973 年に採択されたものであるが，日本が批准したのは 1980 年のことである。その後，1985 年にはオゾン層保護のためのウイーン条約，さらに 1987 年になるとオゾン層を破壊する物質に関するモントリオール議定書が採択されている。また 1988 年には地球温暖化に関する国際的な取り組みも本格化した。これを受けて同年には UNEP（国連環境計画）と WMO（世界気象機関）の共催による気候変動に関わる政府間パネル（IPCC）が設置された。1992 年にはブラジルのリオデジャネイロにおいて，地球サミット（UNCED）が開催され，そこでは「持続可能な開発」の実現に向けて，環境と開発に関するリオデジャネイロ宣言，アジェンダ 21，森林原則声明が合意された。

このような国際的な動きはわが国にも影響を及ぼすこととなり，1989 年には地球環境問題に関する関係閣僚連絡会議が発足，さらに 1990 年には環境庁

*184* 第3部 マーケティングの展開

に地球環境部が設置されるなど，地球環境問題への政策体制が整うこととなった。

　大量生産・大量消費・大量廃棄型の経済活動を続けているわが国においては，近年，最終処分場の逼迫や処理にともなう地球環境への影響が問題となるとともに，資源の将来的な枯渇も懸念されている。こうした資源・環境問題の克服は，21世紀における最大の課題である。そのためわが国の政府は，廃棄物の減量化，再使用・再生利用の推進，最終処分場の廃棄物処理施設の確保などを目的として，1991年に「廃棄物の処理及び清掃に関する法律」の抜本的な改正，1993年に「再生資源利用促進法」の制定，1996年に「産業構造審議会地球環境部会報告書」の策定などに取り組んできた。さらに2000年にはドイツの影響を受けた「循環型社会形成推進基本法」が制定され，それにともなって「容器包装リサイクル法」，そして2001年には「食品リサイクル法」も施行されることとなった（清水，2008：41）。

　このように資源・環境問題は世界中で重視されはじめ，その対応策の１つとしてリサイクルが考えられている。資源・環境問題への対策はマーケティング分野においても重要な問題として重要視されるようになってきた。

## 2　企業における資源・環境問題への取り組み

　現在，多くの企業が環境報告書や CSR（Corporate Social Responsibility）報告書の作成に取り組んでいる。環境報告書は，企業や機関などの組織が環境保全の取り組み内容を環境省のガイドラインに沿って作成し，開示する報告書である。また CSR は企業の最大の目的である利益のみを追求するのではなく，企業活動が社会におよぼす影響に責任をもち，より広い意味でのステークホルダー（利害関係者）に対外的な企業活動の有益性を多様な面でアピールすることである。CSR はわが国と欧米諸国とで，若干異なった見解をもっているものの，重要性の高まりは世界的に同じである。企業はステークホルダーへの対外的な企業活動ということから，環境事業を含めて CSR 報告書を作成している。今日では環境報告書および CSR 報告書を発行する大手企業が多い。

第8章　グリーン・マーケティング　*185*

　さらに，企業はスイスに本部のある国際標準化機構（International Organization for Standardization）が発行する規格ISO14000シリーズの認証取得とともに，温暖化ガス削減に寄与する活動，そして省エネルギーを含めた環境マネジメントを展開している。環境省によると，ISO14000シリーズは，環境マネジメントシステムを中心として，環境監査，環境パフォーマンス評価，環境ラベル，ライフサイクルアセスメントなど，環境マネジメントを支援するさまざまな手法に関する企画から構成されており，その中心となるのがISO14001である。ISO14001は1996年に発行され，PDCAサイクルのプロセスを繰り返すことにより，環境マネジメントのレベルを継続的に改善していく構造となっている。日本では発行当初，海外取引上の不利益を回避する目的から大手企業を中心としてISO14000シリーズの取得が増加した。ISO14000シリーズを取得した企業は，資材の調達および商品仕入れなどに関しても取引先に同様の活動を求める必要があり，ISO14000シリーズの取得は中小企業でも増加していく結果となった。

　その他，企業は，① 製品の原材料の採取段階から製造，流通，使用，廃棄，リサイクル，最終処分に至までの各段階における環境への負荷を定量的に分析し，評価するLCA（Life Cycle Assessment）の導入，② 素材および部品の調達や製品の購入前に熟考し，環境負荷が小さいものを優先して購入するグリーン購入，そして，③ 製造工程から排出される廃棄物を他の産業の原料として有効利用することで廃棄物の排出をゼロにするゼロ・エミッション（Zero Emission）などの取り組みに力を入れている。

## 3　消費者における資源・環境問題への取り組み

　企業や行政が資源・環境問題に取り組むようになった背景の1つとしてコンシューマリズムをあげることができる。「コンシューマリズム」という用語は，さまざまな研究者によって定義がなされており，明確なものがあるとはいいがたい。研究者によっては，コンシューマリズムを消費者運動と同一視したり，消費者運動が発展したものをコンシューマリズムと定義するなどさまざまであ

*186* 第3部 マーケティングの展開

る。

　塩田静雄氏は，消費者運動とコンシューマリズムとの違いについて，「コンシューマリズムの運動は，1960年代における消費者運動のように，市場におくりこまれてくる新製品についての商品知識および賢明な商品選択のための消費者情報の提供など消費者教育だけにとどまらず，消費者の生活を阻害するものを排除し，危険や不利益を未然に防ぐよう政府や企業に要求し，その社会的責任を追及しようとする運動である。さらにそれに加えて消費者が買わない権利を行使する不買運動と，告発による消費者運動とが含まれる。（塩田，1988：96）」と述べている。すなわち消費者運動が，粗悪品の追放運動および消費者教育であるのに対し，コンシューマリズムは消費者ではなく，生活者の立場として生活の質的向上のために，自分を含めて第三者が受けた被害に対して行う運動であるといえる。

　世界におけるコンシューマリズムの台頭は1960年代の半ばであり，その間接的なさきがけとなったのが，1962年に生物学者のカールソン（Carson, R. L.）氏によって著された『*Silent Spring*（沈黙の春）』であった。彼女はこのなかで，"食物連鎖への化学物質侵入による代謝異常"を警告し，コンシューマリズムに間接的な影響を及ぼした。

　コンシューマリズムに直接的な影響を及ぼした人物として，故ケネディをあげることができる。故ケネディ（Kennedy, J. F.）が1962年3月15日に第87合衆国議会へ送った『消費者保護と利益に関する特別教書』のなかで，「① 安全であることの権利，② 知らされるべき権利，③ 選択できる権利，④ 意見が反映される権利」という4つの権利が謳われている。故ケネディ氏によるこの4つの権利の後，消費者の権利の内容はさらに拡大され，資源の浪費，環境汚染，洗剤やガソリン成分の規制など"生活の質を高める権利"を含むようになった（大須賀，2000：9）。この消費者の権利はアメリカだけでなく，わが国やその他の諸外国のコンシューマリズムに対する考え方にも大きな影響を及ぼしている。

　故ケネディ大統領による4つの権利の後，消費者問題に対するさまざまな活

第8章　グリーン・マーケティング　*187*

動家が誕生しており，そのなかの1人にネーダー（Nader, R.）がいる。彼もまたコンシューマリズムの直接的な引き金となった1人である。彼は自動車の安全性を調査し，自動車のメーカーであるジェネラルモーターズ（GM）社に対して告発をするというラディカルなコンシューマリズムを行った（Aaker and Day, 1982 = 1984：1）。また彼は食肉問題，天然ガス・パイプラインの爆発問題，放射線による危険性の問題，その他多くの問題に対して告発を行っており，彼の考え方はやがてネーダーリズムとまで称されるくらいに，今日，世界において最も先鋭的なコンシューマリズムとして評価されている（三上，1982：19）。

　1970年代に入ると，これらのコンシューマリズムは資源・環境問題へとその対象を拡張することとなる。

## 4　わが国におけるコンシューマリズム

　わが国における第2次世界大戦後の消費者運動は，全国主婦連合会の結成に端を発しており，それが結成されるに至った動機は1948年9月の不良マッチ退治主婦大会である（塩田，1988：92）。当時は食糧難であり，1950年代の消費者運動は，物価値上げへの反対や生活物資の確保，そして不良品の摘発などが主な活動であった。

　また1960年代に入り，わが国は環境公害および中性洗剤の有害論争，サリドマイド事件，グルタミン酸ソーダの毒性問題など，商品公害の問題が急速に目立つようになった（国民生活センター，1981：7）。それらの結果として，消費者は生命と健康，そして生活の防衛のために消費者団体を結成していくこととなる。この頃の消費者は新製品に関する危険性をほとんど知らないという状況下にあり，そのため，消費者運動の主な活動は，商品比較テストを通じて消費者に情報を提供したり，賢い商品選択をするための消費者教育が中心であった。すなわち，この時代までの運動は，消費者が企業側からの攻勢に対する自衛であり，それは消費者運動の域を脱していなかったのである。

　1970年代からわが国の消費者運動は，1960年代のそれと比較して大きく変化し，コンシューマリズムへと変化し始めることとなった。そのきっかけをな

*188*　第3部　マーケティングの展開

したのが，1969年に発生した欠陥車問題とチクロ問題の2つである（塩田，1988：95）。この2つの問題は消費者の生命および保健をまったく無視したものとして，企業および政府に対する消費者の不満と怒りを高めることとなった。さらに1970年にはカラーテレビの2重価格表示の問題が起こり，主婦連合会，全国地域婦人団体連絡協議会，日本生活協同組合連合会，婦人有権者同盟，文京区消費者の会のいわゆる"消費者五団体"が中心となってカラーテレビ不買運動を推進した（塩田，1988：96）。

　このように1970年代における運動の特徴は，生活者として企業の社会的責任を追求するものであり，コンシューマリズムが台頭してきた要因のひとつといえる。その後，わが国のコンシューマリズムは停滞してきているといわれている。しかしその運動は消滅することなく，資源・環境問題へとその範囲を拡大していくとともに，それはマネジリアル・マーケティングに対しても大きな影響を及ぼしたのである。

　1990年代前半からわが国では，グリーン・コンシューマーが台頭してきた。財団法人上越環境科学センターによると，グリーン・コンシューマーは次の10項目の原則に基づき行動している。① 必要なものを必要な量だけ買う，② 使い捨て商品ではなく，長く使えるものを選ぶ，③ 包装のないものを最優先し，次に最小限のもの，容器は再使用できるものを選ぶ，④ 作るとき，使うとき，捨てるとき，資源とエネルギー消費の少ないものを選ぶ，⑤ 化学物質による環境汚染と健康への影響の少ないものを選ぶ，⑥ 自然と生物多様性を損なわないものを選ぶ，⑦ 近くで生産・製造されたものを選ぶ，⑧ 作る人に公正な配分が保証されるものを選ぶ，⑨ リサイクルされたもの，リサイクルシステムのあるものを選ぶ，⑩ 環境問題に熱心に取り組み，環境情報を公開しているメーカーや店を選ぶ。この10項目の原則から，グリーン・コンシューマーとは，環境に配慮した商品を積極的に購入することで，環境保全活動に力を入れている企業を評価する，いわゆるグリーン購入を行う消費者のことだといえる。

　グリーン・コンシューマーの台頭は，今後ますます企業活動に影響を及ぼす

ことになるであろう。

## 第3節　グリーン・マーケティングの台頭

### 1　社会的責任に対応するマーケティング

　ここでは，マネジリアル・マーケティングの生成からソーシャル・マーケティングへ至るまでをみていくことにしたい。

　1939年から45年にかけて第2次世界大戦が勃発したことを機に，アメリカ経済は一時的に生産過少の売り手市場となった。それにもかかわらず，第2次世界大戦後のアメリカ経済においては，かつてないほどの急激な経済成長をみることができる。たとえばGNPをみると，1945年には3,552億ドル，1950年には4,380億ドル，そして1960年には4,877億ドルと伸長している（玉城，1981：20）。この背景には，アメリカ市場の大戦中に開発された新素材・新技術の民間への普及という技術革新の著しい進展と，それによる生産能率の飛躍的な向上によって，供給が需要を上回るようになったことなどがあげられる。また消費者における背景は，所得水準の上昇，消費者意識の変化，そしてマス・コミュニケーション媒体の発達などによる消費パターンの変化がみられるようになったことなどである（加藤，1982：6）。それらの条件はアメリカ経済に急激な成長をもたらせただけでなく，企業に対しても企業的視点に立ったマーケティングを新たに展開させることとなった。それが1950年代からのマネジリアル・マーケティングである。

　1960年代から1970年代の初頭にかけて経済が豊かになるにしたがいマーケティングをめぐる諸環境は大きな変化を遂げていくことになる。それは公害や食品添加物による健康阻害，欠陥商品などへの批判，さらに商品の頻繁なモデルチェンジや活発な広告活動を通じて，絶え間なく消費者の欲望を刺激するマーケティングに対する批判がなされるようになってきたことである。この社会的な運動がコンシューマリズムと呼ばれ，企業活動に対し大きな影響を及ぼすようになった。また消費者においても，"生活者"としての行動をとり始めた。

*190* 第3部 マーケティングの展開

これについて片山又一郎氏は「消費人間から生活者への脱皮をめざす動きが生活者主義なのであり，それに対処するマーケティングをわれわれはソーシャル・マーケティングとしてとらえる。」（片山，1975：127）と述べている。このようにマーケティングは，コンシューマリズムの台頭という社会環境の変化のなかで，それらへの対応としてソーシャル・マーケティングが生成し始めることとなったのである。

ソーシャル・マーケティングという用語は，1971年にコトラーとザルツマン（Zaltman, G.）によって世に出た。彼らが提唱するソーシャル・マーケティングは従来からのマーケティングの拡張概念であり，それに対して，1973年にレイザー（Lazer, W.）とケリー（Kelley, E. J.）は，グリーン・マーケティングに影響を及ぼすこととなったソーシャル・マーケティングを提唱している。

彼らはソーシャル・マーケティングを，「社会的な目標を高めるために，マーケティングの知識，コンセプト，ならびにテクニックの使用だけでなく，マーケティング政策，意思決定，ならびに行動の社会的な結果にも関連するマーケティングの一支流のことである。したがってソーシャル・マーケティングの範囲は，マネジリアル・マーケティングよりも広く，全体的な社会システム内の市場およびマーケティング諸活動の研究にまで及んでいる。(Lazer, and Kelley, 1973：4)」と定義している。彼らはこの定義を提唱することで，組織の対市場活動であるマーケティングに，利益追求だけでなく，より大きく社会的責任を課し，社会価値の追求の考え方を導入した。また彼らが述べる"社会的な目標"とは，「マーケティングのインパクトを生活の質，地域社会の出来事，社会的な問題，人間の資源をフルに発展させる機会，健康維持，教育と訓練，公害の減少と環境保護，仲間により多くの考慮を払うこと（村田，1976：231)」である。すなわち，社会的な目標とは，市民生活における質的向上を指している。

従来のマーケティングの目的は，組織が市場において消費者ニーズを分析し，それを充足するための創造的適応活動を行うことで，マーケット・シェアや利益を確保することであった。これに対して，ソーシャル・マーケティングは，

社会との調和という視点から社会的責任を果たしながら長期的な視点で実行するマーケティングである。

　現在，資源・環境問題への重要性が叫ばれる時代であることはいうまでもない。そうした社会環境のなかでマーケティング概念もまた拡張している。それはマネジリアル・マーケティングからソーシャル・マーケティング，そしてソーシャル・マーケティングから資源・環境問題を守備範囲とするグリーン・マーケティングへの拡張である。

## 2　資源・環境問題に対応するマーケティング

　1970年代の公害の発生にともなってコンシューマリズムが台頭し，その対応としてソーシャル・マーケティングが提唱された。このソーシャル・マーケティングも，自然環境の汚染，破壊，そして資源の枯渇による生存の危機感の芽生えとともに，新しいマーケティング概念として提唱されることとなった。それが資源・環境問題に対応したマーケティング，すなわち「グリーン・マーケティング」である。

　コンシューマリズムやソーシャル・マーケティングの台頭により，1970年代初頭から環境問題に対する指摘はなされていた。しかしマーケティングの領域においてその考え方が急速に進展するのは，1990年代に入ってからである。1990年代の背景をみると，局地的および国家的単位での問題であった公害が，オゾン層の破壊，酸性雨，地球温暖化などの国境を越えた地球規模での問題へと規模を拡大していった時代であった。特に1992年のリオデジャネイロでの地球サミットにおいては，「持続可能な開発」が模索され，「環境と開発に関するリオ宣言」および環境保全行動計画である「アジェンダ21」が採択されている。このような世界的動きを背景に，マーケティングの領域においても，1990年を境に資源・環境問題への対応が強く求められることとなったと考えられる。

　ここでは，1990年代以降の代表的な研究者であるピーティ（Peattie, K.）とフラー（Fuller, D. A.）を中心にみていくことにする。

*192* 第3部 マーケティングの展開

グリーン・マーケティングは 1992 年にピーティによって提唱された。彼はグリーン・マーケティングの定義を「グリーン・マーケティングは顧客や社会の要求を，利益を得ると同じに持続可能な方法で確認し，予測し，満足させることに責任を持つマネジメントのプロセスである。」(Peattie, 1992＝1993：12-13) と規定し，またグリーン・マーケティングが発生した背景について，「グリーン・マーケティングは，地球環境やそれに包摂される人間を含む生命の状態への増大する関心に応えて起こってきた新しいスタイルのマーケティングである。」(Peattie, 1992＝1993：12) としている。このように，グリーン・マーケティングは，生命の危機感から生じており，地球規模での環境保全に対する責任を重視したマーケティングである。

また，この定義では，1992 年のリオデジャネイロにおける地球サミットで模索された「持続可能」というキーワードが使用されている。彼は，「マーケティング活動のインプットを供給し，アウトプットを吸収する環境能力の持続性に依存している。」(Peattie, 1992＝1993：69) とし，企業活動は，自然そのものがもっている自己再生能力の範囲内で行う必要があることを強調することで，持続可能を謳っている。

彼はグリーン・マーケティングとソーシャル・マーケティングとの異なる特徴として，① 長期的観点というよりはむしろ将来無限に続き，② 自然環境により強く焦点を当て，③ 環境を社会にとって有用なものという程度をはるかに越えた高いレベルでの本質的な価値として取り扱い，④ 特定の社会というよりは地球的な問題として焦点を当てることの以上 4 点をあげている (Peattie, 1992＝1993：13)。このことから，グリーン・マーケティングはソーシャル・マーケティングと区別し，それをふまえたうえで展開されていることがわかる。

次にフラーについてみていくことにする。彼は 1999 年にサステイナブル・マーケティングを提唱し，そのなかで，「エココストを削減し，社会の長期的な福祉に貢献することでエコシステムに適合する」(Fuller, 1999：3) マーケティングのプロセスがサステイナブル・マーケティングであり，それは，「顧客のニーズの充足，組織目標の達成，そしてエコシステムとの両立が可能な過程

という3つの意思決定基準を満たす方法によって製品開発,価格設定,販売促進,そして流通を計画,実行,管理する過程である。」(Fuller, 1999：4)と定義した。この3つの意思決定基準として,① 顧客ニーズの満足,② 組織目標の達成,③ エコシステムの適合性をあげている。この ③ の"エコシステムの適合性"は従来のマーケティングになかった点である。

また,彼はサステイナブル・マーケティングが「顧客選択の切り換え(Redirecting customer choices),マーケティング・ミックスへの新たな方向づけ(Reorienting the marketing mix),配送システムの再編成(Reorganizing delivery systems)という3つのRによって集約される新たな使命に着手しなければならない。」(Fuller, 1999：109)とし,この3つのRのなかでも特に,マーケティング・ミックスへの新たな方向づけを重視するとともに,その目標を支持する「廃棄物ゼロ」のシステムの開発および履行する意思決定を実行すると提唱した(Fuller, 1999：110)。

このことから,サステイナブル・マーケティングには,「廃棄物ゼロ」を基礎とするエコシステム志向の導入と意思決定基準の両立という概念が含まれて

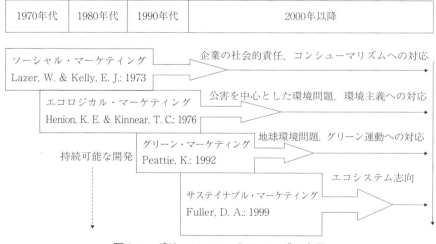

図8-1 グリーン・マーケティングの変遷

出所)清水真(2007：106)

194 第3部 マーケティングの展開

いることがわかる。彼の定義では，資源・環境問題をより深刻なものとしてとらえたうえで，エコ商品の開発やゼロ・エミッションを基礎とするエコシステム志向の導入と意思決定基準の統合がなされている。

　グリーン・マーケティングの変遷は図8-1のとおりである。

## 3　マーケティング・ミックスの環境への対応

　これまで消費者による商品選択の基準は，主として品質と価格であったが，今日の消費者においては第3の選択基準として「環境」が定着しつつある。そのため，資源・環境問題に対応したマーケティング戦略を展開していかなければならない。そのためには，マーケティング・ミックスもそれに適応させる必要がある。ここでは，従来の4Pに照らし合わせてみていくことにする。

### (1)　Product

　製品政策において，企業は部品，製品デザイン，包装などについてリサイクルができるよう設計・計画したり，廃棄物回収のための仕組みを構築するなど重要な役割を果たしている。その役割を果たすためには，製品政策のあらゆる局面で環境保全に配慮しなければならない。たとえば，生産段階においては，資源・エネルギーの節約が可能な製造方法を選択するとともに，再資源化された原料や素材を調達し，製造時に排出される廃棄物をゼロに近づけるなどの努力が必要である。また，商品の使用時に資源・エネルギーが節約できる製品開発，ゆきすぎた製品多様化や頻繁に行うモデルチェンジの自粛，使い捨て商品の排除，過剰包装の改善など検討しなければならない。さらに，産業廃棄物や家庭から排出される一般廃棄物が自然環境に悪影響を及ぼさないか十分に検討する必要がある。

　環境保全に配慮した商品であっても，消費者にとって魅力のあるものでなければ，その商品は購入されない。したがって，環境保全への配慮はもちろんのこと，従来の商品と比べて品質・性能が維持されていることが重要である。

## (2) Price

価格政策では，環境保全のための費用を上乗せして販売価格を設定する場合が多い。その場合，消費者がその価格でも商品を受け入れるか否かが重要な課題となる。環境保全に配慮した商品が消費者に受け入れられるためには，十分な恩恵があり，しかもエコブランドとして消費者に認知されていなければならない。

なお，環境保全にかかったコストを回収することは，企業活動の維持および存続のために必要なことであり，それらのコストには廃棄やリサイクル段階でのコストも含まれる。

## (3) Promotion

プロモーション政策では，従来のような販売促進に力を注ぐだけでなく，広い意味でのステークホルダーに自社の環境保全活動やそのための努力を的確に伝え，共感を得るとともに積極的に受容してもらう必要がある。たとえば，アサヒビール㈱では，"アサヒスーパードライ「うまい！　を明日へ」プロジェクト"を実施し，同社の環境保全活動を積極的に伝えている。このプロジェクトでは，主力商品である「スーパードライ」1本当たり1円を各都道府県に寄付し，各地の自然環境や文化財の保護に役立てられる。大々的なテレビCMでのプロモーション，都道府県ごとの寄付結果をホームページ上で消費者に伝えるという仕組みは，多くの消費者からの共感を得た。このプロジェクトは，プロモーションというよりもコミュニケーションというべきであろう。

今日では多くの企業が，広い意味でのステークホルダーとコミュニケーションに力を入れており，それらは環境報告書およびCSR報告書を通じても行われている。

## (4) Place

今日における一般廃棄物（資源廃棄物）増加の原因は，これまで流通面において培われてきたフォワード・チャネルの先進性に比べて，バックワード・チ

*196*　第3部　マーケティングの展開

ャネルの遅れによる整合性の欠如であると考えられる。したがって再使用・再生利用の理想は，製品が生産者から消費者にいたる流通プロセスの速度と商品の消費や使用後の資源廃棄物の分別および回収の速度の差をできうるかぎり縮小させることにある。その解決のためにはフォワード・チャネルと比べて遅れているバックワード・チャネルの構築・運営を進めることが必要であろう。

　グリーン・マーケティングにおいて，先行研究の多くが，資源・環境問題の1つの解決策として，バックワード・チャネル（逆流通）の構築および運営をあげており，しかもそれには国・地方自治体による支援・協力が不可欠であるという見解を示している。すなわち，バックワード・チャネルの構築および運営は循環型社会形成への必須要件の1つと考えられる。

## 4　グリーン・マーケティングの課題

　つぎに「持続可能な開発」をキーワードとしたグリーン・マーケティングにおいて，今日注目されている研究についてみていくことにする。

　フラーは，資源の使用および廃棄物の発生が製品の生産と消費における不可避な結果をあらわすため，製品のデザインがサステイナブル・マーケティングの中心的な課題になるとした（Fuller, 1999：129）。そして環境戦略のための製品デザインには，資源回収のための3種類の戦略デザイン（製品再利用戦略，物質リサイクリング戦略，物質転換戦略）が必要だとしている（Fuller, 1999：154）。すなわち，企業にとって製品開発はマーケティング戦略のなかでも資源・環境問題と深い関わりをもっていることを理由に，彼は製品における生産段階でリサイクルを安易にできるデザインの必要性を強調している。

　また，阿部真也はマーケティングの対応として，エコ商品の開発やゼロ・エミッションの試みなど，さまざまなものがあるとし，それらの対応のなかでも，特にバックワード・チャネルの構築の重要性を強く主張している（阿部，1998：3）。

　さらに，西尾チヅル氏は，循環型社会の形成のために，一般廃棄物を回収し，再資源化することの重要性を述べたうえで，一般廃棄物をリサイクルするため

には，製造企業へ戻すためのバックワード・チャネル整備が必要不可欠である
としている（西尾，1999：22）。

そして，岡本喜裕も資源・環境問題とマーケティングとの関係について，リ
サイクル型マーケティング・システムの必要性について強調し，そのためには
リバース・チャネル，すなわちバックワード・チャネルの重要性が増すとして
いる（岡本，2001：1-16）。

本岡昭良においても，現代マーケティングの中心課題はマーケティング・ミ
ックスにおけるリサイクルとリユーズの促進であるとし，バックワード・チャ
ネルの必要性について言及している（本岡，2001：62）。

以上みてきたように，フラー，阿部，西尾，岡本，そして本岡は循環型社会
を形成するうえで，グリーン・マーケティングのチャネル政策であるリサイク
ルおよびそれを円滑に遂行するためのバックワード・チャネル構築・運営の必
要性を強調している。


## 第4節　グリーン・マーケティングの展開

### 1　循環型社会形成のためのバックワード・チャネル

循環型社会を形成するためには，消費や使用後の廃棄物を資源として循環さ
せなければならない。そのためには，消費や使用後に排出された廃棄物を回収
するためのチャネルの構築および運営が必要となる。これらのチャネルは，バ
ックワード・チャネル，リバース・チャネル，そしてリサイクル・チャネルな
どと称されている。ここでは，バックワード・チャネルの概念と課題について
みていきたい。

ジクムンド（Zikumund, W. G.）とスタントン（Stanton, W. J.）はバックワー
ド・チャネルについて，「資源廃棄物（waste materials）のリサイクリングは本
質的に逆流通の過程である。逆流通は再利用可能な包装とその他の資源廃棄物
を消費者から生産者へと還元するバックワード・チャネルによって促進される。
（Zikumund, and Stanton, 1977：444）」と述べ，バックワード・チャネルとフォ

198　第3部　マーケティングの展開

ワード・チャネルを概念的に同一視している。

　また，ギルティナン（Guiltinan, J. P.）とノウコイ（Nwokoye, N. G.）は，リバース・チャネルと称し，その概念を，リサイクル可能な原材料は，フォワード・チャネルの逆媒体を利用して，これらのユーザーから主に3つのポイントに流れるとし，①原材料の生産者，②製品の生産者もしくは産業における他の企業，そして③リサイクル可能なモノから新製品を作る産業をあげている（Guiltinan, and Nwokoye, 1977：94）。

　そして，ギンター（Ginter, P. M.）とスターリング（Starling, J. M.）においても，リバース・チャネルと称し，その概念は，生産者と消費者との間にあるギャップを橋渡しするというマーケティング機能の論理的拡張のことであるとし，そのうえで，リサイクル可能な一般廃棄物の生産者は，従来の消費者であり，そしてそれら製品（資源廃棄物）の最終的なユーザーは従来の生産者であることを強調している（Ginter, and Starling, 1978：75）。

　以上，バックワード・チャネルとは，廃棄物のリサイクルを円滑に行うための流通機構であり，その内容はリサイクル可能な廃棄物を消費者およびユーザーから生産者へと逆流通させるものである。そしてその目的は，循環型社会を形成することにより，資源・環境問題を解決することにある。したがって，バックワード・チャネルの構築および運営は現代社会における最大の課題といえる。

　従来からの流通であるフォワード・チャネルは生産者から消費者までの商品の流れに関するものであった。そのため消費者は流通チャネルの最終段階に位置していた。しかしリサイクルを円滑に行うためのバックワード・チャネルという概念において，消費者はリサイクル可能な廃棄物の生産者であり，流通チャネルの先端に位置することになる。

## 2　バックワード・チャネルの課題

　バックワード・チャネルの構築は，企業が主体となって実施され，国や地方自治体による支援・協力も多くのケースで見受けられる。そのため，B to B

における廃棄物のリサイクル率は順調に向上している。しかし，B to B における廃棄物のリサイクル率に比べて，B to C におけるそれは低い。その原因は国や地方自治体，企業だけでなく，消費者にもある。バックワード・チャネルの課題として，高橋秀雄氏は，①消費者が必ずしも廃棄物を販売するわけではなく，それを無料でリサイクリングに出すことが多い点と，②それを流通させる役割を必ずしも担っていないという点を指摘している（高橋，1996：182）。

また，ジックムンドとスタントンはバックワード・チャネルと伝統的な流通チャネルとの違いについて，消費者自身が資源廃棄物の生産者であると考えていないという点をあげ，生産者が管理するバックワード・チャネルを考える必要があると言及している（Zikumund, and Stanton, 1977：444）。さらに彼等はバックワード・チャネルを構築するために，①最終消費者に対するリサイクリングへの動機づけ，②チャネル・メンバー間の協力の度合いを高めることが必要であるとしている（Zikumund, and Stanton, 1971：34-39）。

以上のことから，バックワード・チャネルの構築においての課題は，「消費者への動機づけ」といえる。消費者の動機づけは，一朝一夕に成し遂げられるものではない。消費者の環境保全意識を高めるためには，企業から消費者へのコミュニケーション，国や地方自治体の政策など，環境保全活動における日本全体の取り組みが必要である。

県の政策が消費者の環境保全に対する意識を高めた事例もある。富山県では，全国初となる県内全域での取り組みを 2008 年 4 月から実施している。消費者へのアンケート調査の結果，富山県が実施したレジ袋有料化政策により，消費者の環境保全意識が高まったことが明らかになっている。消費者の目に見える形でのレジ袋有料化政策（マイバッグ持参）は，消費者（市民）の環境保全意識を高め，さらにエコ・ライフスタイルにつなげる効果をもたらしている（清水，2009：53-58）。

*200* 第3部 マーケティングの展開

## 第5節 グリーン・サービサイジング

### 1 サービサイジング

　廃棄物の回収率向上の方策のひとつとして，「サービサイジング」がある。サービサイジングは，米国の環境研究を専門とする非営利機関であるテラス研究所が初めて使用したものとされている（脇田，2007：34）。そのテラス研究所では，サービサイジングを「現在では製品サービスや機能を提供するための媒体や基盤として見ている従来の製造業者によって提供される，製品ベースにした一種のサービスの発生（経済産業省グリーン・サービサイジング研究会，2006：78）」と定義している。つまりサービサイジングとは，これまで製品として販売していたところを販売するのではなく，サービス，すなわち「機能」のみを提供することである。従来，製品の流通においては商的流通と物的流通が発生していた。しかし，この場合の流通はメーカーから卸売業，小売業，そして消費者へと所有権が移行されないため，物的流通のみとなる。

　このサービサイジング事業を経済産業省は，2005年1月から6月にかけて実施した「エコプロダクツと経営戦略研究会」で推進している。

　サービサイジング・ビジネスにおいては，ユーザーおよび消費者によって消費や使用後に排出された廃棄物に関しても，所有権はメーカーにあることから，メーカーへの返却義務が生じるのである。そのため，廃棄物の回収率は飛躍的に向上することとなり，資源・環境問題への解決策の1つとして期待できる。

　欧州においては，サービサイジングと同様な概念をもつ用語として，PS System（Product Service Systems）が存在する。米国では，グローバル化，情報化，高齢化といった社会環境の変化に対応すべく，サービサイジングというビジネス・モデルが台頭してきたのに対して，欧州では，"持続可能な生産と消費"という観点からPS Systemの考え方が示されてきた（今堀，2006：247）。

　次にサービサイジングの効用についてみていく。この効用として，和田安彦氏は表8-1をあげている（和田，2006：4）。

　和田氏があげるサービサイジングの効用のうち，①資源生産性の向上，②製

第8章　グリーン・マーケティング　*201*

**表8-1　サービサイジングの効果**

| ①資源生産性の向上 | 機能の提供による利潤拡大のため，メーカーは原材料の消費抑制，製品の耐久性の向上，リサイクルや維持管理の容易な製品設計等を行うようになる。 |
| --- | --- |
| ②製品の所在管理・確実な回収 | メーカーが所有権をもっているため，製品の所在が明確であり，かつ使用後は確実に回収が可能である。 |
| ③不法投棄の抑制 | 家電製品の不法投棄問題に対しても，②と同様の理由により効果的である。 |
| ④新たな雇用の創出 | サービサイジング事業に必要な修理，回収，故障時の相談等サービス業務を担当する新しい雇用の創出が可能である。 |
| ⑤サービスの改善 | メーカーは継続的に収益を確保しなければならないため，利用者に対してさらにサービスの改善を図る努力をするようになる。 |
| ⑥製品購入より安いサービスの享受 | メーカーのサービス改善，企業努力，あるいは機能の効率的改善により，利用者は製品購入金額よりも安くサービスを享受できる場合がある。 |

出所）和田安彦（2006：4）

品の所在管理・確実な回収，③不法投棄の抑制，④新たな雇用の創出の4つは，メーカー側のメリットであり，⑤サービスの改善，⑥製品購入より安いサービスの享受の2つはユーザー側のメリットである。また，②製品の所在管理・確実な回収についても，消費や使用後の廃棄物をメーカーが回収してくれるため，ユーザー側にとってのメリットになる。

　表8-1にはないが，「顧客の獲得・維持」をメーカー側のメリットとして付け加えることができる。たとえば，サービサイジング・ビジネスとして製品を1年間ないしは2年間リースとして契約した場合，その契約期間は顧客を維持する（メーカーと顧客との関係性の構築）ことが可能となるだけでなく，顧客にとっては，製品購入金額よりも安くサービスを享受できるため，顧客の獲得にもつながる（清水，2010：50）。

　このようにサービサイジング・ビジネスはメーカー側およびユーザー側の両者において大きなメリットがある。

## 2　グリーン・サービサイジング・ビジネス

　サービサイジングに似た用語に，グリーン・サービサイジングがある。グリ

202　第3部　マーケティングの展開

ーン・サービサイジングとは，サービサイジングのうち，より高い環境負荷低
減効果が期待される「サービス提供型ビジネス」のことを指す。

　グリーン・サービサイジング・ビジネスの分類方法には，さまざまなものが
提案されており，経済産業省では以下のように分類している（経済産業省グリ
ーン・サービサイジング研究会，2006：79-80）。

　グリーン・サービサイジング・ビジネスは，①マテリアル・サービス（モノ
が主）と，②ノンマテリアル・サービス（サービスが主）とに大別できる。

## (1)　マテリアル・サービス（モノが主）

　①　サービス提供者によるモノの所有・管理

　契約形態を変更することにより，製品をライフサイクルで管理し，環境負荷
を削減する。具体的には，「廃棄物処理・リサイクル代行」「製品のレンタル・
リース」「コピー機・洗濯機等の Pay per Use」「製品のテイクバック」などの
事業。

　②　利用者のモノの管理高度化・有効利用

　維持管理・更新のデザインと技術により製品の長寿命化を図りサービス提供
を維持拡大するもの。具体的に「中古製品・部品の買取・販売」「修理・リフ
ォーム」「アップグレード」「点検・メンテナンス」などの事業。

　③　モノの共有化

　所有を共有化することにより，製品コストの減少（＝資源消費の削減を図る）。
具体的には，「カーシェアリング」「農具の共同利用」などの事業。

## (2)　ノンマテリアル・サービス（サービスが主）

　①　サービスによるモノの代替化

　資源を情報・知識・労働により資源をサービスに代替させることで，資源消
費にともなう負荷削減（IT による脱物質化サービス）。具体的には，「デジタ
ル画像管理」「音楽配信」などのサービス事業。

　②　サービスの高度化・高付加価値化

第8章 グリーン・マーケティング　*203*

サービスの効率化を図ったり，さらに付加価値をつけてサービスに付随する環境負荷を削減するもの。具体的には，「廃棄物処理コーディネート」「ESCO事業」などの事業。

サービサイジング・ビジネスは，循環型社会の構築においてその重要性が高い。しかし，現在，サービサイジング・ビジネスを利用しているのは，主に工場や事務所といった事業者であり，一般家庭への普及はごくわずかである。ただし，サービサイジング・ビジネスとして家電製品のリースとレンタルをあげている研究者は多くみられる。サービサイジング・ビジネスにおける今後の課題は，一般家庭への普及である。

## 第6節　グリーン・マーケティングの展望

今日，資源・環境問題への対応の重要性が高い時代であることはいうまでもない。こうした社会環境のなかでマーケティングもその概念が拡張している。それは，マネジリアル・マーケティングからソーシャル・マーケティング，そして資源・環境問題を守備範囲とするグリーン・マーケティングへの拡張である。1990年以降，グリーン・マーケティングの研究は急速に進展することとなった。

世界中で地球環境の異変が観測されており，それらは農業や漁業などの産業に対して悪影響を及ぼしている。そして，さらなる地球環境の悪化は人類の生存危機にもつながることとなり，資源・環境問題への関心は今後ますます高まるものと考えられる。このような背景を鑑みれば，グリーン・マーケティングの研究は非常に重要な研究領域なのである。

### 引用・参考文献

Aaker, D. A. & G. S. Day（1982）*Consumerism: Search for Consumer Interest*, 4th ed., New York: The Free Press.（谷原修身・今尾雅博・中村勝久共訳（1984）

*204* 第3部 マーケティングの展開

『コンシューマリズム』千倉書房)

Fuller, D. A.（1999）*Sustainable Marketing: Managerial-Ecological Issues*, Sage Publications, Inc.

Ginter, P. M. & J. M. Starling（1978）"Reverse Distribution Channels for Recycling", *California Management Review*, Vol. 20, No. 3, Spring.

Guiltinan, J. P. & N. G. Nwokoye（1977）"Developing Distribution Channels and Systems in the Emerging Recycling", in Christopher, M. and Schary, P. ed., *Industries European Insights in Distribution*, Homewood.

Henion, K. E. & T. C. Kinnear（1976）"A Guide to Ecological Marketing", in Ecological Marketing, Chicago, Illinois: American Marketing Association.

Lazer, W. & E. J. Kelley（1973）*Social Marketing: Perspectives and Viewpoints*, Homewood: Illinois, ed., Richard D. Irwin.

Peattie, K.（1992）*Green Marketing*, Pitman Publishing.（三上富三郎監訳（1993）『体系グリーン・マーケティング』同友館）

Zikumund, W. G. & W. J. Stanton（1971）"Recycling Solid Wastes: A Channels-of-Distrbution Problem", *Journal of Marketing*, Vol. 35, No. 3：34-39

──（1977）"Recycling Solid Wastes: A Channels-of-Distribution Problem", *Marketing Channels*, 2nd ed., edited by L. E. Boone.

阿部真也（1998）「リサイクル・マーケティングのすすめ」『九州マーケティング協会』

今堀洋子（2006）「家電のグリーン・サービサイジングに対する利用者の受容性と事業化の方策」『環境科学会誌』19⑷

大須賀明（2000）『環境とマーケティング』晃洋書房

岡本喜裕（2001）「マーケティング・チャネル・ネットワークにおけるリサイクル・チャネル」『和光大学社会経済研究所』Vol. 33, No. 2・3

片山又一郎（1975）『生態的マーケティング』ビジネス社

加藤勇夫（1982）『マーケティング・アプローチ論』白桃書房

環境省 http://www.env.go.jp/（2010 年 9 月 25 日）

経済産業省グリーン・サービサイジング研究会（2006）「グリーン・サービサイジング研究会報告書」『官公庁環境専門資料』41⑸

国民生活センター（1981）『消費者運動の現状と課題』勁草書房

財団法人上越環境科学センター http://www.jo-kan.or.jp/（2010 年 9 月 25 日）

塩田静雄（1988）『消費の社会学』文眞堂

清水真（2007）「環境マーケティングにおけるバックワード・チャネルに関する考察」『中京商学論叢』第 53 巻

──（2008）「環境マーケティングと食品リサイクル法」『日本消費経済学会年報』第 30 集

──（2009）「富山県におけるレジ袋有料化政策の取り組みと消費者の環境保全意識

への影響」『日本産業科学学会研究論叢』第 14 号

——(2010)「環境マーケティングにおけるグリーン・サービサイジングに関する研究—パナソニック電工株式会社を事例として—」『企業経営研究』第 13 号

高橋秀雄（1996）『流通システムの管理』中央経済社

玉城芳治（1981）『現代マーケティング管理論』中央経済社

西尾チヅル（1999）『エコロジカル・マーケティングの構図』有斐閣

三上富三郎（1982）『ソーシャル・マーケティング』同文舘出版

村田昭治（1976）『ソーシャル・マーケティングの構図』税務経理協会

本岡昭良（2001）「エコロジカル・マーケティングの動向」『龍谷大学経営学会経営学論集』第 41 巻第 2 号

脇田弘久（2007）「グリーン・サービサイジングに関する一考察」『商学研究』第 48 巻第 1 号

和田安彦（2006）「循環型社会とサービサイジング」『廃棄物学会誌』Vol. 17, No. 3

# 第9章　グローバル・マーケティング

## 第1節　グローバル・マーケティングの必要性

### 1　グローバル・マーケティングとは

　グローバル・マーケティングとは，売手と買手との交換過程を通じて全世界にいる消費者のニーズを満足させようとする事業活動のことである。今日においては，情報・通信や交通手段の発展に伴い，人々があらゆる情報を全世界で同時に接することができている。1990年代からグローバルという用語が頻繁に使われ，グローバル・マーケティングへと発展した。世界をひとつの市場として捉えてマーケティングを行うべきというグローバル・マーケティングの必要性が強調された。グローバル・マーケティングは市場や経営をグローバル的に統合し，一層の効率化や利点伸長を目指す。

　グローバル・マーケティングでは，全世界を相手にし，各国の事情に適したマーケティング活動ができ，世界中から立地優位性を活かせる適所を選定する。グローバル・マーケティングは，売り先や仕入先を問わず，事業の仕組みそのものを全世界規模で行う。このような方法で海外事業を行い，活動が世界的規模で行われていることから，グローバル・マーケティングの主体は多国籍企業となる。

### 2　グローバル・マーケティングの意義

#### (1)　グローバル・マーケティングのコンセプト

　グローバル・マーケティングでは，海外市場の特有性を活かすことで，効率性を高める[1]。

① 市場は，交換過程を通じて成立する。そのため，配給，略奪・紛争・戦争，救済・援助などが多い不安な社会では，グローバル・マーケティング活動が制限されるが，市場経済制度が保証されている社会では，その活動が活発になりやすい。

② 全世界消費者のニーズをいかに把握し，満足させるかが課題である。

③ 海外消費者のニーズを満たせる対象物を創り出す。

④ 海外を対象にした市場の機会・分析を行い，マーケティングミックス戦略を策定・調整する。

⑤ 世界をひとつとみなす市場とともにグローバル細分市場，地域市場，国家市場などをネットワークで繋ぎ，グローバル・マーケティング戦略上で，相互関連性をもつ市場である。

## (2) グローバル・マーケティングの特徴

### ① 多くの国でマーケティング活動

グローバル・マーケティングは，2カ国以上でマーケティング活動を展開する。ここでの2ヵ国とは，複数の国家市場，EU や ASEAN のような地域市場，全世界をひとつとみなす市場などのことである。

### ② 海外市場の事業環境の調査・分析

海外市場で現れている政治，経済，文化的特徴を調査・分析する。その結果をもとに自社や自国との相違点からの多様性を活かしてグローバル・マーケティング方法を模索する。

### ③ 市場別相違のマーケティング戦略

グローバル・マーケティング戦略は，異なる市場環境と多様なニーズに適応させ，活動の成果を高める。さらに，組織と市場が海外に分散しても，統合されたネットワーク・システム構築によって分散や相違性のデメリットを補う。

## 【事例】市場別相違（現地文化）の無知が招いた自社イメージ失墜

サウジアラビアにおいて，航空会社の広告で，「① 女性のキャビンアテンダ

*208* 第3部 マーケティングの展開

ントが機内の男性乗客にお酒を勧める。② ベールを被ってない女性が見知ら
ぬ男性と一緒にいる。」というシーンがあったということで，その航空会社は，
サウジアラビア政府から宗教的慣習に挑戦するものと認識され，厳重注意を受
けた。宗教的地域文化が軽蔑されたと見なされ，せっかくの自社広告が悪いイ
メージにつながった。

### (3) グローバル・マーケティングの範囲

　企業が海外市場へ参入する際には，グローバルビジョンや目標に沿った適切
な戦略が欠かせない。この戦略による目標達成のためにはグローバル・マーケ
ティングの範囲をいかに定めるかが重要となる[2]。

　① 本国中心のグローバル・マーケティング

　国内マーケティングで成功した企業は，国内市場で行ったマーケティング方
法が正しいと思いがちである。ひいては，自社のマーケティング能力が他国の
競争企業より優れていると思い，本国中心のマーケティング方法を選好する。
本国市場で成功し，認知度が高い製品を中心に，現地国の環境を考慮せず，本
国中心のマーケティング戦略を立てる。現地国向けの市場調査や分析は行わず，
国内戦略を現地に適用する。

　② 多国籍中心のグローバル・マーケティング

　ここでのマーケティング方法は，現地国市場は特異性があると認めた上で行
う。主に現地化戦略が用いられ，全商品のマーケティング戦略が現地国市場の
条件や環境によって多様である。

　③ 地域中心のグローバル・マーケティング

　近隣諸国との経済共同体の利点を求め，地域経済の統合傾向が現れている。
EU，NAFTA，ASEAN などがその典型であり，今後も地域共同体別の経済
協力が進められると見込まれ，経済共同体を対象にしたマーケティング活動の
重要性が増す。

　④ グローバル中心のマーケティング

　グローバル企業のビジネス形態は全世界を対象にした事業になっている。マ

ーケティング傾向も全世界を同一の潜在的な市場としてみなしている。世界は同一の市場として統合されているため、企業はこのようなビジネス環境を活かしたグローバル戦略を立てる。ここでの主な戦略は、海外の経済環境に合わせた多様な現地化戦略を控え、各国市場を統合した単一戦略を取り入れる。事業活動は、グローバル市場向けの販売にとどまらず、購入や生産活動も重視する。

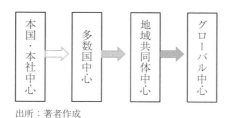

出所：著者作成
図9-1　グローバル・マーケティングの対象範囲の拡大

　以上のように、自社の戦略やビジョンによってグローバル・マーケティングの対象範囲は変化していく（図9-1）。マーケティングの範囲は、図9-2のように、3次元でマーケティング内容を拡大していく。マーケティングの主体からみると、拡大方向は、寡占的製造企業による商品販売に関わる活動から始まる。空間部門からみると地球規模に拡大し、客体からみると有形財からアイデアに拡大する。

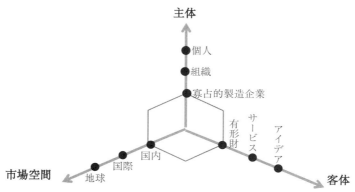

図9-2　マーケティングの拡大方向
出所：嶋正（1996）（再引用：相原修・嶋正・三浦俊彦（2009: 31））

## 第2節　グローバル・マーケティングの環境と重要性

　今日の交通と IT の発展は，国境を超えた行き来を円滑化し，グローバル化を促した。このグローバル化を推し進めた主役は多国籍企業であった。その背景には企業が資本と技術をベースにした利益を求めた生き残り戦略に伴った企業のグローバル化がある。ここでいう企業のグローバル化とは，経営資源を全世界に向けて移動することである。企業は経営資源を海外市場に移動させながら現地国での事業成功を求め，グローバル・マーケティング活動が欠かせなくなる。

## 1　企業のグローバル化の方法
### (1)　企業の組織とグローバル化過程

　IT の発展に助けられた市場のグローバル化はさまざまな商品情報をリアルタイムに接触でき，消費者行動に多大な影響を与えている。消費者行動がグローバル化に足並みを揃え，企業側もグローバル的活動を求める。このような事業環境をふまえ，企業は生き残り戦略としてグローバル化を促す。企業のグローバル化程度は，一般に企業の組織，海外経営成果，グローバル市場の確保方法，企業の経営形態，グローバル競争力などから伺うことができる。

　グローバル化程度を企業組織形態からみるなら，事業活動を行っている対象国の数，海外にある支店数，海外子会社数，海外資産の保有度，従業員の国籍状況などから推測できる。また，上位経営者層，管理職の外国人シェアからでも伺うことができる。

### (2)　海外での経営実績とグローバル化程度

　企業の海外での経営実績をみると，当該企業のグローバル化程度が推測できる。つまり，その企業において海外で得た成果が企業全体の比率に換算してみることでグローバル化の程度が分かる。ここでの海外での経営成果とは，海外に起因する売上，利益，生産量，雇用状況，投資規模などの比率を伸ばすこと

である。

たとえば，「売上ベースのグローバル化程度」であるなら，次の算出方法で求められる。

**売上ベースのグローバル化程度**
**＝（国内関連の売上高＋海外関連の売上高）÷海外関連の売上高**

ただし，企業が海外向けの売上が多いとしても商社のような他の営業力に頼った間接輸出が多いなら，グローバル化が進んでいるとはいえない。

**【事例】トヨタ自動車のグローバル化程度**

トヨタ自動車の生産台数を見ると，ここ10年間で海外生産が国内生産を遥かに上回り，生産のグローバル化が著しくなった。

2007年及び2017年（4月〜3月）のトヨタ自動車の実績概要

|  | 2007年度 | 2017年度 |
|---|---|---|
| 国内生産 | 516.0万台 | 428.6万台 |
| 国内販売 | 223.3万台 | 231.0万台 |
| 輸　出 | 292.9万台 | 196.3万台 |
| 海外生産 | 450.4万台 | 613.2万台 |
| グローバル生産 |  | 1,041.8万台 |

注）国内生産：完成車＋KD（国内ラインオフベース）。国内販売：登録＋届出（海外生産車を含む）。海外生産：KDを除く海外生産（現地ラインオフベース）。グローバル生産：国内生産＋海外生産。
出所：2007年度実績（2008年4月23日，日経速報）。2017年度実績（2018年4月26日，日経速報）。

## (3) グローバル市場への参入方法

グローバル化が進んだ企業では，他社の営業力に頼らず自社が直接輸出することが多い。これは，自社の能力を活かして自らが海外現地でマーケティング活動を担うことを意味する。また，輸出拡大にとどまらず，海外生産量や直接投資額が多ければ，その企業のグローバル化は進んだといえる。現地生産は，海外の現地市場に資本，技術，経営などを結合した直接投資形態で進出するこ

212 第3部 マーケティングの展開

とであり，現地市場への介入度が高いので，グローバル化の程度がかなり進んだことになる。

　一般的にグローバル市場への参入は，間接輸出→直接輸出→資本や業務の提携→直接投資のような段階別で行うが，必ずしも，このような段階を経て市場に参入するとは限らない。一方，海外市場参入は，本国のコントロールがむずかしくなり，高いリスクが伴い，「ハイリスクハイリターン」の形態が多い。

## (4) 企業の国際化・現地化・グローバル化

　企業の国際化（internationalization）とは，事業対象を全世界的側面から考えず，国内中心で行い，一部の活動を海外で行うことである。ここでの国際化は，国内の財やサービスを海外に輸出する段階である。このような事業を主に担っている主体を「国際企業」という。この際の国際企業には自社の輸出品として高品質のものを安く生産できる能力が求められている。

　その後，ある商品について輸入に頼っていた国の自国企業の生産能力が高まると，現地国政府は自国産業の保護・育成のため，輸入規制策を講じる。この輸入策に対抗する手段として，輸出企業は現地化を進める。ここでの企業の現地化（localization）とは，企業の国際化がさらに進み，海外に事業拠点を設け，生産，販売・マーケティング，R&D などを海外で行うことを意味する。換言すると，企業が海外現地市場に参入し，国家単位で独自の戦略を立てて，事業をすることである。ここで，主な事業活動を行う企業が多国籍企業である。この多国籍企業には，各地域の社会制度，雇用制度，文化，消費者趣向などに対する専門的な理解に基づいたマーケティング能力が欠かせない。企業が現地での生産活動とマーケティング活動を高めることが現地化でもある。

　他方，企業のグローバル化（globalization）とは，企業が事業活動を全世界的で行うことである。このような事業を行う主体は主に多国籍企業である。企業は全世界をひとつの市場として捉え，国境を意識せず同一の戦略を立てる。経営管理，生産，流通，マーケティングなどの事業部門のなかに，自社の経営資源の最適配分を求め，全世界的市場を視野に入れて事業を行う。そのため，当

第9章　グローバル・マーケティング　　*213*

該企業は多くの国で行われている部門別の活動をひとつの観点から総括的に運営する。その一環として，多くの地域市場をネットワークに繋げ，効率的な管理と新しい事業機会を作り出す。

### ⑸　経営資源のグローバル化

　古くから経営資源とは，ヒト，モノ，カネのことを指し，近年，情報を加えている。経済活動のグローバル化は，経営資源のグローバル化と密接な関係がある。それぞれの経営資源がグローバル化に与える影響を表したのが表9-1である。

　まず，経営資源としてのヒトのグローバル化とは，人的資源の海外移動のことである。その人的資源とは，人間がもっている経済的な価値とか管理している組織のことである。これが労働移動の国際化への大きな要因となっている。次に，モノやサービスのグローバル化とは，財やサービス事業のグローバル化を意味する。そして，カネのグローバル化とは，海外への投資資金・資本，海外送金，IT，経営能力，信用，流通支配力などのグローバル化を意味する。

**表9-1　経営資源の国際移動がグローバル化に与える影響**

| 経営資源 | グローバル化の促進要因と経営資源のグローバル化過程 |
|---|---|
| ヒ　ト | ◆国境を超えたヒト移動の規制緩和は，人材となる労働力の移動を促進<br>―本国から現地にスタッフを派遣→中間・上位管理層を除いて現地採用→上位管理層も現地採用 |
| モ　ノ<br>サービス | ◆国家間のモノの移動を緩和し，モノの貿易とサービス貿易の増加を促進<br>―完成品の輸出→素材や部品などの輸出→輸入部品を現地で組立生産→現地生産→協力企業と共に進出 |
| カ　ネ | ◆資本移動の自由化は，FDI（海外直接投資），証券投資などの海外間接投資，海外送金などの増加につながる。<br>―本国が現地国に資本投資や資金供給→現地市場や国際市場から資本や資金調達 |
| 情　　報 | ◆インターネットを活用した情報交換と事業化 |
| 技　　術 | ◆技術交流の円滑化により，技術移転の促進，技術の標準化・平準化を促す。<br>―本国技術を現地企業に伝授・移転→コア技術は本社，周辺技術は現地→現地でR＆D可能 |

出所：著者作成

*214* 第3部 マーケティングの展開

## ⑹ 変化する海外事業方法

　企業は海外戦略の一環として，海外経営にどの程度の関与が適切なのかを判断することが重要な意思決定となる。そこで，以下で海外事業の経営方法の類型を考察し，事業方針の選択肢から企業の海外事業の展開方法をうかがうことができる[3]。

　まず，自民族中心主義は，本国のやり方，管理基準，経営方法を海外事業にも適用し，本社主導により主な意思決定が行われる方法である。原則的に海外事業の主要職は本国から派遣されたスタッフが担う。

　次に，現地国中心主義は，本国主導の管理を避け，現地のマネジメントは現地スタッフに任せる経営方法である。現地国の事情をよく理解し，現地国の事情に合う管理能力を求め，可能な限り現地国の人材を活用する。このような方法は，自民族中心主義よりはグローバル化が進んだものの，依然として，財務やＲ＆Ｄのような重要な意思決定は本社が行う。

　そして，地域中心主義は自社の事業活動と経営資源の配分を地域単位で行う経営方法である。海外市場を各国単位よりも，周辺諸国を加えた地域内で経営資源や資源配分を統合し，地域単位でマーケティング活動を行い，そこから効率性を求める。そのため，地域別の本社を設け，地域内の関連会社を統合・管理するため，生産拠点や人材採用などを地域単位で実施する。本社は地域全体の経営成果をはかることとなる。

　最後に，全世界中心主義は，優秀な人材であれば，経営者や管理者も国籍と関係なく選好する。本社や各拠点は，主従関係ではなく，相互協調関係を保つ。自社の経営資源の活用と配分を全世界市場のなかで最適化を図る経営方法である。そのため，本国と海外を区分せず，世界中から適した人材を採用し，もっとも競争力がある適所で，生産，販売・マーケティング，流通，R&Dなどの事業活動を展開する。


**【事例】 アップルの全世界中心主義**

◆ アップル社は，自社製品具現に必要な技術，工場，人材（労働者，生産管

理者）などにおける有利な条件を求め，本国にとどまらず，全世界での事業化を進める。

◆ 従業員を監督できる 8,700 人を探すなら，アメリカなら 9 ヶ月，中国内なら 15 日あれば，可能である（生産活動のための中国人の人材が豊富）

◆ サプライチェーン全体が中国にある。1000 個のゴム製ガスケットが必要なら，隣の工場に頼めばいい。100 万個のねじが必要なら，1 ブロック先の工場に頼めばいい。そのねじに少し変更を加えたい場合でも，3 時間あれば十分である。

◆ 市場に合うスペックやデザイン変更に即応できる生産能力，柔軟性と精神力がある。徹夜して 1 日で 1 万台生産が可能で，市場のニーズに即応できる。

出所：https://japan.cnet.com/article/35013387/

## 2　グローバル・マーケティングの促進要因

### ⑴　企業のグローバル化とその背景

　1995 年に設立した WTO（世界貿易機関）のもとで，貿易の流れはモノの貿易の自由化にとどまらず，サービス貿易の自由化も促され，産業のグローバル化を増した。とりわけ，自動車，半導体，家電，製薬などを中心とする日本の主力産業は世界的なグローバル産業として位置づけられた。

　これらの産業は，グローバル規模で事業を行うことが求められる。装置産業といわれているこれらの産業は，資本コストや R ＆ D コストの増加が強いられている。これは，大量生産による規模経済の効果を果たすためであって，資本コストの増加が欠かせないことを意味する。これらの産業には膨大な投資が必要で，世界市場への進出を前提にした資本財に対する投資が不可欠である。それは，当該産業では膨大な R&D 費用がかかるため，国内需要だけでは，そのコストを賄うことがむずかしいからである。全世界市場を目指すことで，持続的研究開発が可能になる。このような当該産業の事情のため，国内市場と海外市場を区別せず，企業のグローバル化を進める一因となった。結果的に企業間競争が世界規模で行われ，効果的で最適な企業経営のためには全世界市場に焦点を合わせたグローバル・マーケティング活動が不可欠となってくる。

*216* 第3部　マーケティングの展開

## (2) 消費者需要の同質化

　情報通信の発展は，生産者と消費者との情報交換を客層や国境を超え，かつ迅速で大量に全世界的規模で行うことを促した。ここから得られた知識が世界規模での消費者需要の同質化に繋がったのである。さらに，BRICsを中心とする発展途上国での所得や教育水準の高まりにより，これらの国の消費者の需要が先進国の需要と肩を並べ，結果的に消費形態の同質化現象が現れた。

　交通手段の発展は，国境を超えた遠距離にいる消費者にも迅速に商品を届けることができ，消費需要の同質化をもたらす一因となった。国家や地域による趣向の差異が縮まり，各国消費者の需要と購買の形態が同質化した。つまり，標準化した消費財を扱うグローバル市場が出現し，それに対応するグローバル・マーケティングが必要となってくるのである。

## (3) 貿易と経営資源移動の自由化

　各国の政府による市場への介入を控える規制緩和は，市場の活性化を招く。貿易面の規制緩和は，関税の引き下げや撤廃などによる貿易量の増加を促す。ひいては，貿易や海外事業によるリスクの回避や縮小が海外市場への進出とグローバル・マーケティングを促す要因となった。

　他方，知的財産権に対する保護が強化され，技術漏洩，ノウハウの流出などによる不安が払拭される。そのため，自社の技術資産が外国でも守られ，外国との技術交流について安心感が広がり，国家間の技術移転が活性化した。ひいては，海外市場での製品の適応化・標準化が容易になった。このような流れとともに国家間の資本移動の自由化は海外投資利益の送金が容易となり，全世界的レベルでの資金の調達・運営が効率的になる。

　結果的にグローバル企業にとっては，さまざまな地域の経営資源と顧客ニーズを自社の競争力強化に繋げながら，グローバル・マーケティングを試みることができる。異質的ニーズと全世界的共通性が調和し，全世界市場向けのマーケティング活動が可能になる。

### ⑷ インターネットの活性化

全世界がグローバル化とともにインターネット社会になった。インターネットを活用した財やサービスの供給者側としての企業は，全世界の消費者と仮想空間（virtual space）でリアルタイムで会え，供給企業間の競争の場を広げた。消費者は多くの企業の提供品のなかで最適なものを選ぶことができる。企業は多方面で全世界の消費者と取引が可能（B to C）となり，取引客層が千差万別で，幅広くなる。たとえば，日本在住の消費者はアマゾンを通じて海外にある専門書を容易に買えるようになった。

他方，グローバル企業はインターネットを通じた企業間の取引（B to B）が広がることにより，企業間の競争が激化している。一方，消費者はインターネットを通じて全世界の企業や商品に対する多くの情報が得られる。その情報を発信するインターネットは消費者と供給者との力の均衡を保っている。そのため消費者は，最適なものを最適な価格で買うことができる。インターネット時代を迎え，時間的・地理的・文化的障壁が撤廃され，全世界を対象としたグローバル・マーケティングの効率化が実現した。


## 第3節　グローバル・マーケティングの課題

### 1　グローバル・マーケティングのための分析

#### ⑴　環境分析

適切なグローバル・マーケティングを展開するには，全世界市場を取り巻く環境（経済，政治，法律，文化，産業，技術など）に基づいた市場機会及びその市場機会を脅かすのは何かを評価・分析することから始まる[4]。

海外市場の環境は，国家・地域市場別，グローバル細分化による市場別で分析できる。これは，自社のグローバル・マーケティングに当たり，市場機会及びその市場機会を脅かすものは何かを明確にし，海外市場での競争環境を分析することである。この競争環境を分析することは，競争構造分析（新規参入企業，代替品の脅威，交渉力など），競争者分析（競争企業の特徴・戦略・実績

218 第3部 マーケティングの展開

など）を行うことである。

さらに，企業が保有している「経営資源」という内部環境分析が加わる。ここでの資源とは，「資金のような有形資源の能力，技術・商標・デザインのような無形資源の能力，マーケティングや生産のような人的資源能力」のことである。企業は，有形・無形の経営資源を活かして競争優位を創出する。

## (2) グローバル・マーケティングの目標設定

グローバル・マーケティングの成果を出すためには，目標設定が大切である[5]。目標設定は，次のような点を考慮しながら行う。

まずは，売上増加を目指し，海外市場のテリトリーや営業範囲の拡大化を目指す。次に，グローバル・マーケティング活動の成果としての利益目標を掲げ，利益に達するための方法や具体的なプロセスを通じて実現性を高める。そして，市場占有率を高め，業界知名度を上げる。さらに，本社と海外子会社，戦略的提携先などと共同でグローバル・マーケティング関連の活動を行い，グローバル・ネットワーキングを通じたシナジーを最大化する。最後に，企業とブランドのイメージを設定する。

## 2 グローバル・マーケティングの戦略

### (1) グローバル・マーケティングの意思決定

グローバル市場においての環境分析や目標設定が終わると，実行に向けた調整と意思決定の段階に入る（図9-3を参照）。グローバル・マーケティングの調査過程では，「① 政治，法律，経済，社会，文化などから生じる国家間の違い，② これらの違いへの理解と調査結果の受入能力（Kumar, V., 2013）」という国内市場調査とは異なる分析要素が加わる。

結局，企業がグローバル・マーケティングを行うためには，海外市場特有のリスクをふまえ，図9-3のような一連の意思決定をする。企業が海外市場参入への意思決定をするには，次のようなリスクを背負わなければならない（Kotler, P. and L. K. Kevin, 2007）。それは，① 企業が外国人の消費行動を理解しないと

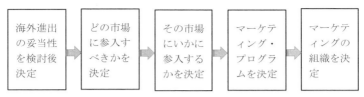

図9-3 国際マーケティングにおいて主な意思決定

出所：Kotler, P. and L. K. Kevin (2007: 333)

競争力のある魅力的な製品提供に失敗する，②現地国のビジネス文化を理解しないと製品を効果的に扱うことができない，③現地での外国人の規制を軽視すると予測もしなかったコストを背負う，現地国が商法を変え通貨評価の切り下げあるいは政治急変で外国人財産を没収する，などである。

(2) 一国の戦略からグローバル戦略へ拡大

一国のマーケティング策定や戦略開発は，「ターゲット市場の選定，マーケティングミックスの開発」という2つが基本となっている。この2つの基本は，グローバル・マーケティング戦略でも同様である（表9-2を参照）。グローバル市場への参入は，企業の管理を一国市場から全世界市場に拡大することである。

グローバル・マーケティングの活動は，全世界規模でコントロールし，国境を超えた多くの国で行われる。一国で成功したマーケティングのアプローチが他の国でも成功するとは限らない。それは，消費者の趣向，競争者，流通のチ

表9-2 単一国家マーケティングとグローバル・マーケティングとの戦略の比較

| 一国のマーケティング戦略 | グローバル・マーケティング戦略 |
|---|---|
| ターゲット・マーケティング戦略 | グローバル市場に参加 |
| マーケティングミックスの開発 | マーケティングミックスの開発 |
| 　　製　　品 | 　　製品の適応化，あるいは標準化 |
| 　　価　　格 | 　　価格の適応化，あるいは標準化 |
| 　　プロモーション | 　　プロモーション適応化，あるいは標準化 |
| 　　流　　通 | 　　流通適応化，あるいは標準化 |
|  | 　　マーケティング活動の集中 |
|  | 　　マーケティング活動の調整 |
|  | 　　競争動向の統合 |

出所：Keegan, W. J. and M. C. Green (2011: 10)

*220*　第3部　マーケティングの展開

ャネル，コミュニケーションのメディアが国内とは異なる場所で行われるためである。グローバル・マーケティング活動は，その計画やプログラムを本国から全世界に拡大化し（標準化），現地適応を求めること（適応化）である。グローバル戦略としての標準化や適応化とは，それぞれのマーケティングミックスが全世界市場に拡大化された標準化や適応化のことを意味する。このような活動方法が，グローバル・マーケティング戦略の成功を左右する。

## 【事例】 ナイキ（Nike）の広告の拡大化

　スポーツ用品は，男性のイメージが強く，女性向け，とりわけ，若年層への販売が伸び悩む傾向がある。それで，ナイキは，女子大生年齢層をターゲットにした「Here I am（ほら私ここにいるよ）」という広告スローガンを導入したら，大きな効果が現れた。以降，この広告をヨーロッパや世界に拡大した。

　グローバル・マーケティング戦略には，マーケティング管理に必要な3つの特質が加わる。① マーケティングの集中は，マーケティングミックスと関連してひとつ以上の国や地域で拡大実行される。② マーケティング活動は，全世界と相互依存してマーケティングミックスを調整しながら，その活動の予定・実行が拡大される。③ 全世界の異なる業種と相互依存しながら，マーケティングの統合が拡大される。

### 注 ─────────────

1）スタントンによると，マーケティングとは交換過程によって消費者ニーズを満足させる活動のことである（Stanton, W.（1988））。この定義から考えると，グローバル・マーケティングは全世界の消費者との交換過程によってニーズを満足させようとする活動と定義できる。ここでは，この定義に基づいてグローバル・マーケティングのコンセプトを述べている。

2）グローバル・マーケティングの範囲は，当該企業の経営方針や戦略によって異なる。

3）パーミュッター（Perlmutter, H. V.）は，企業のグローバル化の程度は，海外部門への経営方法から伺うことができると論じている。その程度を見極めるため

の範疇が「自民族中心主義，現地国中心主義，地域中心主義，全世界中心主義」
である。

4）グローバル・マーケティングとしての環境とは，現地国の経済システムや国際
経済環境，現地国特有の文化的慣習や価値観，現地国の政治や法律の環境などの
ことである。

5）グローバル・マーケティングを成功するには，目標の設定とともに，その目標
に達するための方法となる戦略策定，効率的な目標達成のための戦略調整が欠か
せない。

#### 引用・参考文献

相原修・嶋正・三浦俊彦（2009）『グローバル・マーケティング入門』日本経済新
聞出版社

李チョル・張テリョン（2006）『グローバル時代の国際マーケティング』（韓国語版）
（hakhyunsa）

小田部正明（2010）『国際マーケティング』碩学舎

小田部正明・栗木契・太田一樹編（2017）『1からのグローバル・マーケティング』
碩学舎

梶浦雅己編著（2016）『はじめて学ぶ人のためのグローバル・ビジネス』文眞堂

河合忠彦（2012）『ダイナミック競争戦略論・入門』有斐閣

嶋正（1996）『マーケティングジャーナル』日本マーケティング協会

朴チョンチョン・李ボンヒ（2014）『国際マーケティング』（韓国語版）（Topbooks）

潘柄吉・李仁世（2014）『グローバル・マーケティング』（韓国語版）博英社

諸上茂登（2013）『国際マーケティング講義』同文舘

Porter, M. E.（1985）*Competitive advantage: Creating and Sustaining Superior Performance*, Free Press.（M. E. ポーター著，土岐坤他訳（1985）『競争優位の戦略』ダイヤモンド社）

Heenan, D. A., and H. V. Perlmutter（1979）*Multinational Organization Development*, Addison-Wesley.

Keegan, W. J. and M. C. Green（2011）*Global Marketing*, 6 ed., Pearson Education Prentice Hall.

Kotler, P. and L. K. Kevin（2007）*A frame work for marketing management*, 3 ed., Pearson Prentice Hall.

Kumar, V.,（2013）*International Marketing, Legends in Marketing*, 2 ed., SAGE Publications.

Porter, M. E.（2005）*Competitive Advantage*, The Free Press.

Stanton, W.（1988）*Fundamentals of Marketing*, 7th ed., The Dryden Press.

# 索　引

## ア　行

RDD 法　45
IR　163
IR 広告　131
アイデア・スクリーニング　71
アイデアの創出　71
アイドマ AIDMA（アイドマ）理論　120
アフター・マーケティング　88
イオン　155
意見広告　130
一般品メーカーの流通チャネル　145
伊藤園　144, 157
イトーヨーカ堂　154
医薬品の流通チャネル　145
因果的調査　60
インターナショナル・マーケティング　9
インターネット調査　46, 47
インターネットの活性化　217
上澄吸収価格戦略　104
エコロジカル・マーケティング　6
エブリディロープライス（EDLP）戦略　111
オープン価格　106
卸売価格戦略　102
卸売業の系列化　148

## カ　行

開放的チャネル　146
買回品　67
花王　144, 148
価格　31
価格カルテル　114
価格指導制　114
価格政策　38, 195
価格表示の方法　105
価格プレミアム　84
カスタマー・リレーションシップ　178
カスタマーリレーションシップマネジメント　112
価値提案　86
金のなる木　21
加盟店（フランチャイジー）　151, 157
考えられる広告目的　126
環境志向　8

関係性パワー　151
関係性マーケティング　164
　　——の全体構図　169
観察法　48
慣習価格戦略　100
官能調査　49
機会と脅威　17
企業イメージ広告　130
企業間電子商取引　155
企業グローバル化の方法　210-215
企業広告　130
企業の社会的責任　7
記述的調査　60
強制パワー　149
競争志向　6
競争志向型価格決定法　93
競争状況の分析　37
競争地位の類型　22
業務市場　15, 16
均一価格戦略　101
グリーン・コンシューマー　188
グリーン・サービサイジング　201
グリーンバーグ，P.　164
グリーン・マーケティング　7, 182, 190-192, 196, 203
　　——の変遷　193
グローバル・マーケティング　206
　　——の意思決定　218
　　——のコンセプト　206, 207
　　——の範囲　208, 209
　　——の目標設定　218
経済的アプローチ　166
系統抽出法　56
化粧品の流通チャネル　145
公共福祉広告　130
広告　120, 123
広告コミュニケーション　123
広告の機能　123
広告の経済的機能　125
広告の社会的機能　124
広告の種類　131
広告の目的　125
広告媒体　126
交差比率　96
購買頻度　14, 16
広報　135
　　——の意義　135

*224* 索　引

小売業の系列化　149
コカ・コーラ　144
コカ・コーラ社　80, 90
顧客関係性マネジメント　175
個客識別マーケティング　171
顧客志向　7
顧客生涯価値　174
顧客満足　172
顧客満足度　39, 173, 174
　　──の因果モデル　173
コストプラス方式　75
コストプラス法　93
コーズ・リレーティッド・マーケティング
　7
コミットメント　166
コンカレント（併行的）なプロセス　73
コンシューマリズム　6, 182, 185, 186,
　187, 188
コンセプト開発　72

## サ　行

サービサイジング　200
　　──の効果　201
再販売価格契約　107
サステイナブル・マーケティング　192,
　193
差別化マーケティング　30
3層のブランド体系　90
サントリー社　90
サンプリング　42
CRM　179
　　──の構造　176, 177
CSR　7, 184
CMR　164
シーケンシャル（逐次的）なプロセス
　73
試作品開発　72
自社物流センター方式　154
市場価格基準法　97
市場細分化　27
資生堂　148
質的調査　43
質問法　41, 44
社会志向　6
社会的アプローチ　167
社内向けの販売促進　134
集合調査法　46
集中マーケティング　30
需要志向型価格決定法　93
需要の価格弾力性　98

状況分析　40
消費財　67
消費者広告　128
消費者行動分析　37
消費者市場　14
消費者間電子商取引　155, 156
消費者向け販売促進　132
商品化　73
商品回転率　95
ジングル　89
新製品開発プロセス　70
人的販売　120, 122
浸透価格戦略　104
シンボル　89
衰退期のマーケティング　77
SWOT分析　16
生産財　67
生産志向　4
正式調査　40
成熟期のマーケティング　77
成長期のマーケティング　76
正当性パワー　150
制度品メーカーの流通チャネル　146
製品　31
　　──の分類　67
　　──の3つのレベル　65
製品コモディティ化　81
製品差別化戦略　26
製品製作　194
製品ポートフォーリオ　20
製品ポートフォーリオ分析　19
製品ミックス　69
製品ライフサイクル　74, 75, 78
製品ライン　69
政府広告　130
清涼飲料の流通チャネル　144
説得的コミュニケーション　170
セブン-イレブン　152
セマンティック・ディファレンシャル法
　60
セリングとマーケティング　2
全国広告　129
全数調査　42
選択的チャネル　147
専門性パワー　150
専門品　68
戦略的マーケティング　7
層化抽出法　56
創造的販売　122
ソーシャル・マーケティング　6, 190,

索　引　*225*

192
損益分岐点　95

## タ　行

第 1 次的資料　41
ダイエー　154
大正製薬　145
第 2 次的資料　41
他記式　43
武田薬品工業　145
ターゲット・マーケティング　29
多段抽出法　56
建値制　116
探索的調査　60
単純無作為抽出法　55
ダンピング　116
地域広告　129
知覚価値　174
知覚品質　174
チャネル　76
チャネルパワー　149
チャールズ・レブソン　64
チャレンジャーの戦略　24
直販メーカー　145
強みと弱み　17
定価戦略　99
テスト・マーケティング　73
データベース・マーケティング　177
　　——の課題　178
電話法　45
動機調査法　48
導入期のマーケティング　75
特価戦略　101
富山の薬売り　145
取引慣行　116
ドロシーレーンの法則　110

## ナ　行

ナイキ　86
20-80 パレットの法則　112
二重価格表示　107, 115
ニーズ　15
日経企業イメージ調査　60
ニッチャーの戦略　25

## ハ　行

媒体の種類と特徴　127
排他的チャネル　147
配置薬メーカー　157
ハイ・ロー・プライシング戦略　111

薄利多売戦略　99
バーゲン価格　106
場所　31
端数価格　100
端数価格戦略　100
バックワード・チャネル　197-199
花形　21
パネル法　47, 48
パブリシティ　120, 134
　　——の意義　134
販売員の活動　122
販売志向　5
販売促進　31, 77, 121, 131
販売促進手段　132
販売分析　37
PR　163
P&G　144
非営利広告　130
ビジネス広告　128, 129
B to B マーケティング　167
費用志向型価格決定法　92
標的市場の設定　28
標本抽出　42
標本調査　47
ビールの流通　143
フォロワーの戦略　24
フジパン　144
プッシュ戦略　121
Price（価格）　36
フランチャイズ契約　146, 149
ブランド　79
　　——の効果　84
ブランド・アイデンティティ　85-87
ブランド・エクイティ論　80
ブランド拡張　90
ブランド拡張機会　85
ブランド構築活動　85
ブランド体系　89
ブランド知識　81
ブランド認知　82
ブランド・ポジション　86, 87
ブランド要素　88
ブランド連想　83
ブランド・ロイヤルティ　37, 84
フリークエント・ショッパーズ・プログラ
　ム（FSP）　112
プル戦略　121
Place（流通経路）　36
Product（製品）　36
プロモーション　36, 76, 119, 177

226 索引

——に関する調査　38
——の体系　118
プロモーション政策　195
報告書　43
報酬パワー　150
POS システム　96
ポートフォーリオ　21

## マ 行

負け犬　21
マーケティング　2, 3
——の定義　162
マーケティング環境　10
マーケティング・コンセプト　4
マーケティング実験法　49
マーケティング戦略　72
マーケティング・ミックス　31, 75, 76
マーケティングリサーチの意義　34
マーケティングリサーチの方法　43
マーケティングリサーチの役割　35
マス・マーケティング　171
窓口問屋方式　154
マネジリアル・マーケティング　163,
　165, 188-190
面接法　44
味覚テスト　80
ミステリーショッパー調査　39
ミルクラン方式　154
無作為抽出法　42, 55
無差別マーケティング　29
名声価格戦略　102
メーカーによる流通系列化政策　147
最寄品　67
問題児　21

## ヤ 行

山崎製パン　144
有意抽出法　42, 55
郵送法　45

## ラ 行

ライオン　144
ライセンス供与機会　85
利益図表　94
リーダーの戦略　22
リベート　103
リベート制　116
略式調査　40
流通革命　156
流通業者向けの販売促進　133
流通系列化・組織化の類型　148
流通チャネル　37, 140
——の類型　142
流通費用を削減　140
リレーションシップ　166, 178
リレーションシップ・マーケティング
　8, 125, 162, 165, 179
リレーションシップ・マネジメント
　164
ロイヤル・カスタマー　172
ロイヤルティ効果　84
ロゴ　89

## ワ 行

割引価格　102
割引価格戦略　101
One to One マーケティング　163, 170-
　172

## 編者紹介

にし だ　やすよし
### 西田　安慶
　　　　滋賀大学経済学部卒業
現　在　東海学園大学名誉教授，経営関連学会協議会評議員（元筆頭
　　　　副理事長），日本企業経営学会会長
専　攻　商学，マーケティング論，地域産業論
主　著　『現代商学』（共編著）税務経理協会，2003年
　　　　『流通・マーケティング』（共著）慶應義塾大学出版会，2005年
　　　　『新現代マーケティング論』（単著）弘文社，2006年
　　　　『地域産業の経営戦略』（共編著）税務経理協会，2016年

しろ た　よしたか
### 城田　吉孝
　　　　愛知学院大学大学院商学研究科博士課程　単位取得満期退学
現　在　東京福祉大学社会福祉学部・大学院社会福祉学研究科教授
　　　　日本産業経済学会顧問，日本企業経営学会監事
　　　　日本消費者教育学会中部支部常任理事
専　攻　マーケティング論　経営戦略論
主　著　『現代商学』（共編著）税務経理協会，2003年
　　　　『流通と消費者』（共著）慶應義塾大学出版会，2008年
　　　　『現代マーケティング―その基礎と展開』（共編著）ナカニシヤ出版，2009年
　　　　『現代の経営学』（共編著）税務経理協会，2018年

## マーケティング戦略論〈第2版〉

2011年4月30日　第1版第1刷発行
2019年1月15日　第2版第1刷発行

　　　　　　　　　　　　　　　編著者　　西　田　安　慶
　　　　　　　　　　　　　　　　　　　　城　田　吉　孝

　　　　　　　　　　　　　　　発行者　　田　中　千津子
　　　　　　　　　　　　　　　発行所　株式会社　学　文　社
　　　　　〒153-0064　東京都目黒区下目黒3－6－1
　　　　　電話（03)3715-1501㈹　振替 00130-9-98842
　　　　　　　　　　　http://www.gakubunsha.com

落丁・乱丁の場合は，本社にてお取替します　　　　印刷／新灯印刷㈱
定価は，売上カード・カバーに表示してあります　　〈検印省略〉

ISBN 978-4-7620-2854-0
© 2019　NISHIDA Yasuyoshi & SHIROTA Yoshitaka　Printed in Japan